BRINCAR NA EDUCAÇÃO INFANTIL

Uma história

Questões da Nossa Época
Volume 34

Dados Internacionais de Catalogação na Publicação (CIP)
(Câmara Brasileira do Livro, SP, Brasil)

Wajskop, Gisela
    Brincar na educação infantil : uma história que se repete /
Gisela Wajskop. — 9. ed. — São Paulo : Cortez, 2012. — (Coleção
questões da nossa época ; 34)

Bibliografia.
ISBN 978-85-249-1688-5

1. Educação infantil - Metodologia I. Título. II. Série.

11-01245

CDD-372.21018

Índices para catálogo sistemático:

1. Metodologia : Educação infantil   372.21018

Gisela Wajskop

BRINCAR NA EDUCAÇÃO INFANTIL
Uma história que se repete

9ª edição
2ª reimpressão

BRINCAR NA EDUCAÇÃO INFANTIL
Gisela Wajskop

Capa: aeroestúdio
Preparação dos originais: Solange Martins
Revisão: Maria de Lourdes de Almeida
Composição: Linea Editora Ltda.
Coordenação editorial: Danilo A. Q. Morales

Nenhuma parte desta obra pode ser reproduzida ou duplicada sem autorização expressa da autora e do editor.

© 1995 by Autora

Direitos para esta edição
CORTEZ EDITORA
Rua Monte Alegre, 1074 – Perdizes
05014-001 – São Paulo – SP
Tel.: (11) 3864-0111   Fax: (11) 3864-4290
E-mail: cortez@cortezeditora.com.br
www.cortezeditora.com.br

Impresso no Brasil – dezembro de 2017

Agradecimentos

Antes de começar, quero agradecer a valiosa colaboração de todos os colegas que, nestes últimos anos, discutiram comigo muitas das ideias contidas neste livro, durante cursos, encontros e seminários sobre a pré-escola e o brincar infantil, dando o sentido social que eu desejo que ele tenha. Em especial, aos professores Maria Malta Campos, Tizuko Kishimoto, Mercedes Boronat e Gilles Brougère.

Agradeço, também, a Léa, Isaac, Telma, Lúcia, Joana e Marília, pela presença constante durante todo o percurso.

Ao Felipe e ao Marcelo, que aceitam dividir minha atenção com tanta gente.

Obrigada à Capes, pelo apoio financeiro, e ao CNPq, por ter facilitado meu estágio em Cuba e no México.

"Eu sabia muito bem que com um pau não se pode matar um pássaro, nem mesmo deflagrar qualquer tiro... se a gente começasse a pensar desse modo, então não deveria mais andar a cavalo nas cadeiras. E entretanto o próprio Volódia haveria de recordar muito bem que durante os compridos serões de inverno nós cobríamos uma poltrona com xales e a transformávamos em carruagem. Um fazia de cocheiro, o outro de lacaio, e as meninas ficavam no meio: as três cadeiras eram a tróica de cavalos, e nos púnhamos a caminho. E que aventuras nos aconteciam nessa viagem imaginária! E com que rapidez se passavam os longos e alegres serões de inverno! Se se enxerga tudo com os olhos da razão, já não é possível brincar. E se não se brinca, que nos resta, então?"

León Tolstoi

Sumário

Apresentação à 9ª edição 9

Prefácio 15

Capítulo 1. Situando a questão 19

Capítulo 2. Por que se brinca na pré-escola? 25
  Da Antiguidade aos dias de hoje 25
  Uma perspectiva sociocultural 31

Capítulo 3. Olhar para a brincadeira na pré-escola
  pública 46

Capítulo 4. Tecendo as tramas cotidianas 52
  Os espaços dentro e fora da classe 59
  A rotina escolar 68

Capítulo 5. As atividades desenvolvidas 84
  A orientação pedagógica 87
  Espaços de fuga 101

Capítulo 6. Agora eu era o herói: é possível brincar? . 115

Bibliografia 123

Apresentação à 9ª edição

Lá se vão mais de vinte anos entre a investigação que deu origem à minha dissertação de mestrado e o texto que segue adiante, síntese de minhas observações, tristes constatações e conclusões a respeito do lugar da brincadeira no ensino de crianças pequenas.

Naquela época, lá pelos idos dos anos 1980, falar em brincadeira como conteúdo de ensino constituía quase uma heresia diante dos desafios colocados pela busca em solucionar as altas taxas de evasão e repetência escolar nas salas do antigo ensino de 1º grau, hoje equivalente às séries iniciais da escola fundamental.

A sociedade brasileira em ebulição, recém-liberta das amarras da ditadura militar, tinha por lema, ao menos entre a vanguarda pedagógica de alguns núcleos de estudos universitários, devolver às chamadas classes populares os conhecimentos que lhes haviam sido roubados por meio da exclusão escolar. Nesse período, discutia-se com inflamação a importância de que houvesse uma "curvatura da vara", por meio da qual a escola inverteria sua função disciplinadora até então em voga, ofertando conteúdos sistematizados e organizados em forma de currículo escolar. Nesse panorama, portanto, brincar não era coisa séria e estudá-lo, no âmbito pedagógico, não passava de perda de tempo.

Lembro-me bem do dia em que eu, ainda uma jovem mestranda, apresentei meu projeto de investigação durante um seminário de pesquisa, então coordenado pela Profa. Dra. Maria Malta Campos, que veio a se tornar minha orientadora. Ao lado dos vinte e poucos colegas mestrandos, ao anunciar meu interesse em compreender a razão da brincadeira infantil e sua possível função no âmbito da educação de crianças pequenas, os olhares voltaram-se todos em minha direção, com certo ar de reprovação, como se dissessem: como assim? Tantos problemas em alfabetizar o povo brasileiro e você nos vem com essa ideia de brincar?

Pois bem, apesar da crítica, iniciei um longo caminho para desvendar a importância da brincadeira no interior de uma escola pública na zona central de São Paulo, acreditando que o próprio fracasso escolar pudesse ter parte de sua responsabilidade nas atividades desenvolvidas na primeira infância.

Recém-formada em Sociologia pela FFLCH-USP e professora de crianças em uma escola privada paulistana, eu desconfiava e intuía que a brincadeira fosse uma atividade que poderia estar associada à constituição cultural da infância, e por isso mesmo seria um elemento presente nas salas de aula da então classe de educação pré-escolar. No entanto, minha ideia de brincadeira idealizava uma infância feliz, que brinca e explora o mundo a despeito das condições objetivas de vida e de trabalho — nesse caso, o trabalho escolar.

Ledo engano! A idealização em torno da possibilidade de encontrar crianças felizes e brincando na escola que investiguei descortinou uma realidade árdua de transformação de crianças em alunos, sem oportunidades de imaginação ou interação criativa com os pares, nem sequer com seu entorno social!

O texto original deste livro — intitulado inicialmente *Brincar na pré-escola* — é, portanto, a parte significativa de minha dissertação de mestrado que revelou, pela primeira vez no Brasil, a rotina e o cotidiano extremamente escolarizante das crianças pequenas já há mais de vinte anos. Por meio dessa investigação desenvolvida em uma sala de pré-escolar no interior de uma escola estadual paulistana de educação básica, minha investigação alertou para a falta de espaço para a brincadeira, apontando, efetivamente, uma construção cultural particular de crianças, cuja infância roubada pela didatização dos conhecimentos vem sendo denunciada cada vez mais nos dias de hoje. Reiterando essa ideia, os dados publicados em recente pesquisa em 150 instituições, em seis estados brasileiros, constataram que o espaço destinado às brincadeiras infantis ainda é insuficiente na maioria delas (http://www.fcc.org.br/pesquisa/eixos-tematicos/educacaoinfantil/DoQueTrata.html).

Arrisco afirmar, hoje, a partir dos trabalhos de investigação realizados ao longo dos últimos dez anos pelos estudantes de Pedagogia do Instituto Superior de Educação de São Paulo — Singularidades, que há muito não se brinca nas escolas de educação infantil em nosso país, tanto na rede privada como pública. Pelas mais diferentes razões: uma delas, cuja força discursiva é muito reiterada por professores e diretores, está baseada na crença de que o brincar é um comportamento inato e transmitido geneticamente de geração em geração. Por causa dessa crença, nós, professores, não fazemos nada para que as crianças brinquem, ou porque achamos o brincar um estorvo, e temos coisas mais importantes para fazer, ou porque não sabemos o que fazer com as brincadeiras, com as temáticas, com as invenções, com as ideias, com as lambuzações das crianças. No geral, não as autorizamos a brincar!

Quando convidada a redigir a apresentação para a 9ª edição deste livro, refleti muito sobre a função desta publicação após tantos anos. Decidi mantê-la no seu texto original, de maneira que pudéssemos compreender que ainda hoje, passados tantos anos, a escola infantil brasileira sofre das mesmas mazelas registradas a seguir.

Foi necessário, porém, atualizar certas denominações associadas a conceitos que, ao menos no âmbito do discurso, fizeram avançar a educação das crianças brasileiras em direção a um atendimento que leve em consideração seus direitos por uma escola de qualidade, incluída no sistema regular de ensino. Nessa perspectiva, a classe estudada, antes denominada pré-escolar, passa a ser referida como sala de educação infantil nível 3. Por outro lado, ao invés de pré-escola, por força das determinações legais da LDBEN nº 9.394/96, que incorporou, pela primeira vez na história da educação do país, a educação das crianças pequenas nos sistemas regulares de ensino, esse segmento passou a ser denominado educação infantil, primeira etapa do ensino básico. Assim, optei por chamar este livro *Brincar na educação Infantil: uma história que se repete,* considerando que nada do que foi constatado há vinte anos não seja reiterado, lamentavelmente, em muitas de nossas salas de educação infantil, seja em centros de atendimento a crianças de zero a três anos, seja nas salas de educação infantil de EMEIs[1] ou EMEIEFs[2] por todo o país.

A publicação deste trabalho, portanto, pretende lembrar a existência de crianças que diariamente frequentam os espaços escolares brasileiros onde não lhes é permitido brincar. Visa, também, alertar professores, diretores e especialistas do ensino para uma realidade escolar que não leva em conta a brincadeira como uma linguagem necessária e constitutiva da infância nas sociedades midiáticas. Ao retratar o cotidiano de uma sala de aula comum da escola pública paulistana, minhas observações e análises poderão levar a refletir sobre as possibilidades que o brincar tem como conteúdo de ensino, ou seja, um comprometimento e um compromisso do professor em criar condições socioculturais prazerosas de inserção das novas gerações na cultura adulta universal sistematizada.

---

1. Escola Municipal de Educação Infantil, assim denominada em vários municípios brasileiros como as instituições escolares que atendem crianças de 3 a 5 anos de idade.

2. Escola Municipal de Educação Infantil e Ensino Fundamental, assim denominada em vários municípios brasileiros como as instituições escolares que atendem crianças de 6 a 10 anos de idade.

Que os professores possam aguçar a memória das brincadeiras de sua própria infância, valorizando-a de maneira a aceitar a brincadeira de seus alunos como um elemento importante no currículo e em suas ações pedagógicas!

Prefácio

As observações feitas por Gisela Wajskop em uma pré-escola pública do centro da cidade de São Paulo dizem muito sobre as dificuldades ali existentes para que se chegue a um trabalho educacional de qualidade. Mais ainda, se examinarmos com cuidado os diferentes aspectos da realidade descrita, podemos perceber que a pesquisa da autora toca em problemas fundamentais que afetam a escola brasileira em geral, e não apenas aquela pré-escola em particular.

Abordando o cotidiano escolar pela via do brincar, na realidade a pesquisa procurou encontrar a criança e um espaço que supostamente deveria estar favorecendo seu desenvolvimento como ser autônomo, criativo, pleno. Os dados revelam que, em raros momentos, à revelia do ambiente e dos adultos, a criança emerge por detrás do que se costuma considerar como *aluno* na escola brasileira. Em outras palavras, reprimida na forma de aluno, do qual se espera obediência, silêncio, passividade, submissão a regras e rotinas — muitas das quais sem objetivos claros —, encontra-se a criança, curiosa, ativa, ansiosa por novas experiências e pelas oportunidades de interagir com outras crianças e com o ambiente.

A professora responsável pela classe observada na pesquisa, por seu lado, é o contraponto do tipo de prática que desenvolve com seus alunos, apresentando muitas das características já apontadas em outros trabalhos.

Em primeiro lugar, chama a atenção sua enorme solidão. Sem uma equipe com a qual possa trocar experiências, sem um currículo no qual possa se apoiar, sem uma supervisão que garanta seu treinamento em serviço, ela sobrevive juntando fragmentos de sua formação e de outras experiências profissionais, tentando fazer com que sua classe se assemelhe à imagem de pré-escola que lhe é mais familiar.

O segundo aspecto que sobressai é que, atuando no centro de uma grande cidade, próxima a parques, museus, estações centenárias, pontos de referência para uma enorme e diversa população, a professora não é cidadã na cidade onde mora e trabalha. Para ela, parece que o espaço onde desenvolve sua prática é algo neutro, indiferenciado, cinzento.

Decorrente destas duas características, a professora nos aparece como alguém que se sente pouco à vontade em seu papel de educadora de crianças pequenas, embora talvez se sinta adequada em seu papel de professora de alunos de uma pré-escola pública.

Estas questões parecem tão mais inquietantes quanto maiores sejam as esperanças que a sociedade passe a depositar na ampliação do acesso à escola. Como esperar que a escola desenvolva a cidadania, objetivo amplamente proclamado no país, se a educadora que se ocupa das crianças em fase tão decisiva não é ela própria cidadã? Como defender a democratização de uma pré-escola que prepare a criança para um mundo cada vez mais complexo e dinâmico, se sua curiosidade natural, sua vontade de experimentar e saber são reprimidas todos os dias, exatamente no espaço que ela conhece como primeira escola?

A busca de uma escola de qualidade configura-se, então, como uma tarefa bem mais difícil e demorada do que poderia parecer a princípio. O trabalho de Gisela Wajskop contribui para esta longa jornada, ao trazer à tona a criança e a brincadeira, no interior de um espaço onde, surpreendentemente, elas parecem estar ausentes. Chamando atenção para este aparente paradoxo, a autora aponta para uma direção importante, que deve ser seriamente considerada por todos aqueles que lutam por transformações na educação brasileira.

Maria Malta Campos
Abril de 1995

Capítulo 1

Situando a questão

Este livro foi redigido, inicialmente, como dissertação de mestrado apresentada à PUC de São Paulo, em dezembro de 1990. Ele busca responder a uma série de indagações que me venho fazendo no decorrer de minha prática profissional junto à área de pré-escola.

Durante esse período, pude acompanhar várias classes de crianças na faixa dos 3 aos 5 anos, tanto como professora quanto como orientadora pedagógica, em duas escolas particulares situadas na cidade de São Paulo, consideradas de vanguarda, pelo espaço que garantiam, à investigação e à pesquisa sobre as formas do desenvolvimento infantil e o papel que cabe à pré-escola na educação das crianças pequenas. Nessa época, 1978 a 1983, a atividade exploratória, interacional e criativa das crianças que ocorria durante as brincadeiras de faz de conta, me intrigava. Na observação dessas atividades pude constatar modificações no desenvolvimento infantil que se evidenciavam com maior riqueza diferenciadamente em função das várias faixas etárias e das diferentes intervenções de cada professor.

Pude acompanhar as crianças desenvolvendo sua independência na brincadeira durante os semestres escolares, organizando-se para a escolha dos papéis a serem desempenhados, dos objetos a serem utilizados, dramatizando temas e organizando espaços. Tanto maior era a intervenção do professor no que se referia às outras atividades pedagógicas como contar histórias, oferecer materiais e técnicas variadas de trabalhos plásticos, musicais e corporais, entre outros, maior a independência adquirida pelos grupos de crianças à hora da brincadeira e mais rica sua temática e graus de interação entre elas.

Por um lado, pude constatar a existência da brincadeira de faz de conta entre as crianças e os outros jogos que dela resultavam, como o de construção, o de regra e o tradicional. No entanto, minha concepção de criança enquanto sujeito social, com características e necessidades próprias definidas historicamente, me fez buscar explicações para o papel da brincadeira na educação das crianças, que superassem uma visão inatista desta atividade.

Paralelamente ao desejo de compreender a origem e a natureza dessa atividade infantil, que eu observava em crianças específicas, cujo nível de estimulação e inserção cultural estava determinado pela sua origem de classe média, universitária e de filhos de profissionais liberais, o vínculo entre brincar e pré-escola aparecia nos diferentes encontros com professores da rede pública dos quais venho participando desde 1983, seja como colega, seja como docente.

Frequentemente, nesses cursos, palestras ou encontros de formação ou atualização de professores, o tema da brincadeira aparecia vinculado estritamente ao desenvolvimento infantil, ao mesmo tempo em que compõe quaisquer propostas curriculares para essa faixa etária, independentemente de sua concepção educacional e das crianças para as quais são dirigidas. Nesses momentos, pude constatar a existência de várias tendências pedagógicas, que interpretam essa atividade infantil das mais diferentes maneiras, fato que resulta em propostas de trabalho também diversas.

Do espontaneísmo ao tecnicismo, falava-se em brincadeira infantil!

Para o fato constatado, encontrei propostas variadas, mas o conceito de origem parecia ser o mesmo.

Ante a diversidade encontrada e a busca em compreender a pré-escola como instituição com possibilidades de desenvolver um trabalho criativo e ao mesmo tempo formador de crianças sujeitos de seu próprio acontecer histórico, recorri à literatura sobre o tema, para encontrar respostas mais elaboradas para minhas indagações.

Isto me propiciou o contato com uma vasta literatura específica, cujas concepções são, algumas vezes, contraditórias e outras, complementares.

Dentre as várias áreas do conhecimento a Antropologia, a Pedagogia, a Psicologia e a Filosofia apresentavam maior variedade de trabalhos onde, na maioria, predominava uma concepção estruturalista e organicista de brincar. Isto quer dizer que, na grande maioria dos trabalhos pesquisados, a constatação da existência da brincadeira na criança era interpretada a partir de uma visão de natureza infantil, biologicamente determinada, para a qual a brincadeira cumpre requisitos de desenvolvimento básicos e predeterminados.

No entanto, essas teorias não me ajudaram a entender a brincadeira das crianças, que minhas observações sugeriam ser diferente em função do lugar e do papel social que elas ocupam na sociedade. Seguindo minhas observações, eu levantava hipóteses que me levavam a investigar a natureza e a origem social da brincadeira e, a partir daí, sua importância no desenvolvimento infantil.

Considerando o papel educacional da pré-escola para as crianças pequenas, a compreensão da brincadeira enquanto atividade social infantil poderia auxiliar-me no esclarecimento de seu vínculo com esse grau de ensino.

Neste percurso, foi apenas em 1984, com a leitura de uma coletânea de textos franceses, coordenados pelo professor francês Robert Jaulin, em uma perspectiva de etnografia educacional e do trabalho do professor Florestan Fernandes, *Folclore e mudança social na cidade de São Paulo* — que é o resultado de pesquisas socioantropológicas desenvolvidas no período de 1942 a 1959 pelo autor, na cidade de São Paulo —, que comecei a elaborar a ideia da brincadeira infantil enquanto fenômeno e fato sociocultural.

Nesta mesma época, entrei em contato com a obra de Vigotsky, *A formação social da mente*, e pude aprofundar uma análise sócio-histórica da brincadeira infantil, entendida como atividade social da criança, cuja natureza e origem específicas são elementos fundamentais para a construção de sua personalidade e compreensão da realidade na qual se insere.

A leitura de Vigotsky foi enriquecida com o estudo das obras de seus colaboradores, como Usova, Leontiev e Elkonin. Integrantes da Escola Russa de Psicologia e Pedagogia, estes autores aprofundaram pesquisas nessa área, também considerando a brincadeira como sendo resultado da educação e da cultura dos povos.

Complementando as ideias destes teóricos da brincadeira, apenas recentemente, em 1989, tive conhecimento das pesquisas desenvolvidas pelo Laboratoire de Recherche sur le Jeu et le Jouet, vinculado ao Département des Sciences du Jeu, da Universidade Paris-Nord. O resultado do trabalho desses pesquisadores, alguns deles já presentes na equipe de Robert Jaulin, pôde auxiliar-me na definição de características gerais da brincadeira enquanto produção sociocultural da sociedade humana.

Nesta perspectiva, as obras citadas, selecionadas de uma vasta bibliografia, permitiram que eu me aproximasse da concepção da brincadeira como processo e atividade social infantil de crianças histórica e socialmente situadas.

Enquanto a pré-escola é, por um lado, um fenômeno educacional tipicamente urbano, por outro, acolhe crianças cuja atividade fundamental, do ponto de vista afetivo, social e cognitivo é a brincadeira de faz de conta, marcada pelos acontecimentos e relações sociais vividas por elas.

Se, de fato, a brincadeira vincula-se à função pedagógica da pré-escola, como tem sido discutido pelos profissionais da área, e pode constituir-se em um espaço de interação social e construção de conhecimento pelas crianças, haveria diferenças na localização da instituição pré-escolar com relação a esta atividade infantil? A brincadeira é de fato um espaço de aprendizado sociocultural localizado no tempo e no espaço?

Em função destas indagações resolvi pesquisar uma pré-escola situada em ambiente urbano central da cidade de São Paulo, com todos os bens e serviços característicos de uma metrópole, para saber quais as consequências que esta realidade traria à brincadeira das crianças.

O contexto da pré-escola propicia o aparecimento ou não dessa atividade infantil?

Como seria o brincar de crianças cujo espaço de moradia é restrito, onde as ruas são utilizadas por carros e ônibus, onde a questão da segurança social impõe-lhes problemas para que fiquem sozinhas?

A ideia de se trabalhar com uma escola situada em região central da cidade de São Paulo originou-se do desejo de, em primeiro lugar, buscar investigar como as crianças se relacionam com o espaço urbano, ocupado por vários tipos de serviços e meios de transportes, consequentemente, com pouca destinação ao lazer.

A escolha de trabalhar com essas crianças, que frequentam uma pré-escola pública na área central de São Paulo, foi uma tentativa de assumir, desde o princípio, a determinação histórica e social da infância e o lugar que esta ocupa na sociedade. Ao mesmo tempo, a ideia de que as crianças são sujeitos ativos na construção do conhecimento de que partilham na pré-escola incentivou o estudo de caso etnográfico que será apresentado no decorrer deste livro.

Capítulo 2

Por que se brinca na pré-escola?

Da Antiguidade aos dias de hoje

Desde os primórdios da educação greco-romana, com base nas ideias de Platão e Aristóteles, utilizava-se o brinquedo na educação. Associando a ideia de estudo ao prazer, Platão sugeria ser, o primeiro, ele mesmo, uma forma de brincar.

Na Antiguidade, utilizavam-se dados, assim como doces e guloseimas em forma de letras e números, para o ensino das crianças. A importância da educação sensorial nesse período determinou, portanto, o uso do "jogo didático" por professores das mais diferentes áreas, como Filosofia, Matemática, Estudo das Línguas e outros (Vial, 1981).

No entanto, é apenas com a ruptura do pensamento romântico que a valorização da brincadeira ganha espaço na educação das crianças pequenas. Anteriormente, a brincadeira era geralmente considerada como fuga ou recreação e a imagem social da infância não permitia a aceitação de um comportamento infantil, espontâneo, que pudesse significar algum valor em si.

A partir dos trabalhos de Comenius (1593), Rousseau (1712) e Pestalozzi (1746) surge um novo "sentimento da infância" que protege as crianças e que auxilia este grupo etário a conquistar um lugar enquanto categoria social. Dá-se início à elaboração de métodos próprios para sua educação, seja em casa, seja em instituições específicas para tal fim.

Esta valorização, baseada em uma concepção idealista e protetora da infância, aparecia em propostas educativas dos sentidos, fazendo uso de brinquedos e centradas no divertimento. Esta nova concepção de criança é marcada pela ideia, como bem remarcou Brougère (1989a), de um ser vinculado a uma verdade que lhe revela o sentido do mundo de maneira espontânea e cujo contato social ameaça destruir. A valorização da brincadeira infantil apoia-se, portanto, no mito da criança portadora de verdade, cujo comportamento verdadeiro e natural, por excelência, é o seu brincar, desprovido de razão e desvinculado do contexto social.

Em contrapartida, a valorização crescente da criança no seio da família nuclear em desenvolvimento, assim como as necessidades educacionais de seu controle e orientação, criam um vínculo estrito entre a brincadeira e sua educação. Segundo Ariès, os jogos e a educação se identificam, principalmente, após o século XVII, a partir dos pedagogos humanistas, dos médicos iluministas, em sua reação antiescolástica e anticlerical e dos primeiros nacionalistas. Tal evolução foi comandada pela preocupação com a moral, a saúde e o bem comum, tendo como alvo principal a infância, cujo investimento educacional aparecia como uma panaceia de todos os males sociais.

A visão da criança que se criou neste contexto possibilitou a expansão do desejo de superioridade por parte do adulto, que mantinha sobre os pequenos um jugo inquestionável, que crescia à medida que estes iam sendo isolados do processo de produção (Snyders, 1984). A criança passou a ser, a partir dessa época, cidadão com imagem social contraditória, uma vez que ela era, ao mesmo tempo, o reflexo do que o adulto e a sociedade queriam que ela fosse e do que temiam que ela se tornasse. As crianças eram vistas, ao mesmo tempo, livres para desenvolverem-se e educadas para não exercerem sua liberdade.

Concomitantemente a essa situação contraditória, temos a mudança do papel da mulher na força de trabalho, que apontava para soluções educacionais alternativas para o cuidado das crianças que ficavam abandonadas em suas casas ou pelas ruas das cidades nascentes.

Assim, conforme nos relata Kishimoto (1988a), a influência das ideias de Rousseau, na França, permitiu que se criassem inúmeros brinquedos educativos utilizando princípios da educação sensorial com vistas a estudar crianças deficientes mentais e cujos conhecimentos foram, depois, utilizados para o ensino das crianças normais.

Em seguida, sob a influência do pensamento e da filosofia de suas épocas, cada um à sua maneira, os pedagogos

Friedrich Fröebel (1782-1852), Maria Montessori (1870-1909) e Ovide Decroly (1871-1932) elaboraram pesquisas a respeito das crianças pequenas, legando à educação grande contribuição sobre seu desenvolvimento. Estes foram os primeiros pedagogos da educação pré-escolar a romper com a educação verbal e tradicionalista de sua época. Propuseram uma educação sensorial, baseada na utilização de jogos e materiais didáticos, que deveria traduzir por si a crença em uma educação natural dos instintos infantis.

Tanto no Brasil como em outros países, a história dos sistemas pedagógicos pré-escolares revela o aparecimento da infância enquanto categoria social diferenciada do adulto em função de sua brincadeira ou daquilo que Chamboredon (1986) denominou "ofício de criança".

A concepção de educação infantil que vem se forjando historicamente tem reiterado as ideias propostas pelos teóricos de fins do século XIX e início do século XX: a inserção das crianças nas brincadeiras, nos materiais pedagógicos e nos "treinos" de habilidades e funções específicas.

À espera de que a criança se torne adulta e se insira no sistema de produção do qual foi excluída gradativamente no decorrer da história do capitalismo, a ela é designado um ofício próprio nas instituições de educação infantil, transformando a pré-escola em uma "espécie de grande brinquedo educativo".

Fröebel, Montessori e Decroly contribuíram, e muito, para a superação de uma concepção tradicionalista de ensino, inaugurando um período histórico onde as crianças passaram a ser respeitadas e compreendidas enquanto seres ativos. Deve-se, no entanto, apontar para as limitações do uso de suas ideias nos dias de hoje. Marcados por uma concepção cumulativa e progressional de conhecimento, cuja elaboração vai se dando a partir de uma exploração empírica da realidade que parte do simples ao complexo e do concreto ao abstrato, as três propostas, apesar de diferentes, contêm estratégias de ensino através das quais se pretende que as crianças aprendam noções de forma, tamanho, cor, assim como a dominar movimentos corporais e as funções básicas de aprendizagem. Na mesma perspectiva, sua concepção fonética da língua, entendida como código linguístico de comunicação e não como um sistema de representação, sugere exercícios mecânicos baseados no treino visual, auditivo e de memória.

Ao influenciar a História da Pedagogia Pré-escolar brasileira, a partir de sua entrada através do movimento da Escola Nova, os pensamentos fröebeliano, montessoriano e decrolyano têm se transformado, principalmente após os anos 1970, com a priorização dos programas de educação compensatória, em meros instrumentos didáticos. Observei, mais recentemente, uma tendência das pré-escolas brasileiras em trabalhar com as crianças através da utilização de materiais didáticos, brinquedos pedagógicos e métodos lúdicos de ensino e alfabetização como fins em si mesmos, descontextualizando seu uso dos processos cognitivos e históricos experienciados pelas crianças.

Assim, a maioria das escolas tem didatizado a atividade lúdica das crianças, restringindo-a a exercícios repetidos de discriminação viso motora e auditiva, através do uso de brinquedos, desenhos coloridos e mimeografados e músicas ritmadas. Ao fazer isso, ao mesmo tempo em que bloqueia a organização independente das crianças para a brincadeira, essas práticas pré-escolares, através do trabalho lúdico didatizado, infantilizam os alunos, como se sua ação simbólica servisse apenas para exercitar e facilitar (para o professor), a transmissão de determinada visão do mundo, definida *a priori* pela escola.

A partir da introdução das teorias da privação cultural no país, as classes de educação pré-escolar nas redes públicas de 1º grau, principalmente aquelas geridas pelo Estado, passaram a desenvolver atividades curriculares compensatórias a supostos "déficits" linguísticos, cognitivos, afetivos e alimentares infantis, atribuindo o fracasso escolar às diferenças individuais e familiares. É por isto que nos currículos pré-escolares, e principalmente a partir da década de 1970, fez parte das atividades o desenvolvimento de hábitos e atitudes nas crianças, tanto do ponto de vista cultural como afetivo e alimentar. Ao mesmo tempo, calcada na hipótese da "mãe inadequada" e na tese da "deficiência cultural" desenvolveu-se toda uma cultura escolar de exercícios fonoarticulatórios, de discriminação auditiva e visual que deveriam compensar supostas carências familiares das crianças no âmbito da linguagem e da fala. Justificou-se que, com base nestes exercícios de prontidão, as crianças estariam mais "aptas", do ponto de vista cognitivo, para um melhor aproveitamento do aprendizado da leitura e da escrita.[1]

---

1. Os trabalhos desenvolvidos por Ana Maria Popovic nesse período tiveram influência na elaboração de propostas curriculares para essa faixa etária. Para aprofundar esse tema, pesquisar os *Cadernos de Pesquisa* da Fundação Carlos

Essas práticas apoiaram-se também em materiais lúdicos e brinquedos que por si sós deveriam ser capazes de ensinar às crianças os conteúdos programáticos. Como atividade controlada pelo professor, a brincadeira aparecia como um elemento de sedução oferecido à criança. Neste tipo de atividade as crianças não possuem a iniciativa de definirem nem o tema, nem os papéis, nem o conteúdo e nem mesmo o desenvolvimento da brincadeira. O controle pertencendo ao adulto garante apenas que o conteúdo didático seja transmitido. Utiliza-se o interesse da criança pela brincadeira para despistá-la em prol de um objetivo escolar.

Uma perspectiva sociocultural

Se a criança está imersa, desde o nascimento, em um contexto social que a identifica enquanto ser histórico e que pode por esta ser modificado é importante superar as teses biológicas e etiológicas da brincadeira que idealizam a criança e suas possibilidades educacionais.

A criança desenvolve-se pela experiência social, nas interações que estabelece, desde cedo, com a experiência sócio-histórica dos adultos e do mundo por eles criado. Dessa forma, a brincadeira é uma atividade humana na qual as crianças são introduzidas constituindo-se em um modo de assimilar e recriar a experiência sociocultural dos adultos.

Chagas, n. 2, n. 10 e, especificamente, no de n. 14, o artigo: "Marginalização cultural: subsídios para um currículo pré-escolar".

Essa definição de brincadeira, como atividade social específica e fundamental que garante a interação e construção de conhecimentos da realidade pelas crianças, é que nos faz estabelecer um vínculo com a função pedagógica da pré-escola.

Nesta perspectiva, a brincadeira encontraria um papel educativo importante na escolaridade das crianças que vão se desenvolvendo e conhecendo o mundo nesta instituição que se constrói a partir exatamente dos intercâmbios sociais que nela vão surgindo: a partir das diferentes histórias de vida das crianças, dos pais e dos professores que compõem o corpo de usuários da instituição e que nela interagem cotidianamente.

Atualmente, desenvolve-se um debate em nível internacional e brasileiro sobre a função das instituições coletivas infantis, incluindo aí creches e pré-escolas, buscando superar a dicotomia entre socialização/escolarização e brinquedo/trabalho. Neste debate busca-se integrar cuidado e educação em ações educativas que levem em conta o desenvolvimento infantil e a cultura de origem de cada criança; a instituição deve situar-se no âmbito de uma política socioeducativa de apoio à família, partilhando com esta seus projetos educativos; a socialização deve ter um espaço fundamental nos objetivos da instituição, garantindo a inserção da criança na cultura adulta e inserindo os pais e a comunidade na educação institucional; trabalho e brincadeira são concebidos enquanto práticas sociais, complementares, na infância. O direito à infância é, nesta discussão, prioritariamente, o direito ao não trabalho, característico da brincadeira e que se constitui como o espaço que fornece a possibilidade da construção de uma identidade infantil autônoma, cooperativa e criativa.

A criança que brinca pode adentrar o mundo do trabalho pela via da representação e da experimentação; o espaço da instituição deve ser um espaço de vida e interação e os materiais fornecidos para as crianças podem ser uma das variáveis fundamentais que as auxiliam a construir e apropriar-se do conhecimento universal.

Esta concepção da função da pré-escola, de reflexão e sistematização recente é, no entanto, prática ainda nova e ameaçadora para a maioria dos professores, acostumados que foram, nos cursos de formação do magistério, com os exercícios motores de treinos de habilidades e funções cognitivas específicas.

Para que a pré-escola pudesse cumprir com alguns destes objetivos, seria preciso que:

- Ampliasse os conhecimentos socialmente constituídos, partindo daquilo que as crianças já sabem e tendo como limites apenas suas necessidades cognitivas, em uma perspectiva de aprendizagem.

- Se constituísse em um espaço onde as crianças pré-escolares pudessem compartilhar e confrontar com outras crianças e com os adultos suas ideias e concepções sobre as relações afetivas, sobre o mundo físico e social através da interação entre si, com a natureza e a sociedade.

- Garantisse situações de interação e de aprendizagem de tal forma que as crianças pudessem desenvolver sua capacidade de autonomia do ponto de vista afetivo, cognitivo e social.

- Fosse organizada em torno de um espaço de socialização para crianças, profissionais e pais, inserida em uma política socioeducativa de apoio às famílias.

Tendo em vista estes requisitos, trabalhei com a hipótese de que, organizada em torno da brincadeira infantil, a pré-escola poderia cumprir sua função pedagógica, ampliando o repertório vivencial e de conhecimentos das crianças, rumo à autonomia e à cooperação.

Através da brincadeira infantil, organizada de forma independente do adulto, as crianças poderiam exercer sua posição social, reiterativa e criadora do traballho total da sociedade na qual estão inseridas.

Mas o que é exatamente a brincadeira infantil?

Para defini-la, tomamos como base a concepção socioantropológica, cujos principais autores foram mencionados na apresentação deste livro. Esta concepção entende que a brincadeira é um fato social, espaço privilegiado de interação infantil e de constituição do sujeito-criança como sujeito humano, produto e produtor de história e cultura.

A brincadeira, na perspectiva sócio-histórica e antropológica, é um tipo de atividade cuja base genética é comum à da arte, ou seja, trata-se de uma atividade social, humana, que supõe contextos sociais e culturais, a partir dos quais a criança recria a realidade através da utilização de sistemas simbólicos próprios. Ao mesmo tempo, é uma atividade específica da infância, considerando que, historicamente, esta foi ocupando um lugar diferenciado na sociedade. Esta última, por seu lado, desenvolveu-se do ponto de vista tecnológico e de suas relações sociais, estabelecendo padrões simbólicos de compreensão e (re)criação de si própria, através do desenvolvimento da arte e da cultura, cujos instrumentos são apropriados pelos adultos.

Portanto, a forma como se apresenta a brincadeira infantil, hoje, confirma a tese, como bem demonstrou o professor Brougère (1989a, p. 32), de que não existe na criança um jogo natural. A brincadeira é o resultado de relações inter-individuais, portanto, de cultura. *A brincadeira pressupõe uma aprendizagem social. Aprende-se a brincar.*

Essa atividade tem, portanto, uma origem e uma natureza histórica e social, diferenciando-se das outras atividades humanas, como o trabalho, principalmente, por características que lhe são peculiares.

A brincadeira é uma forma de comportamento social, que se destaca da atividade do trabalho e do ritmo cotidiano da vida, reconstruindo-os para compreendê-los segundo uma lógica própria, circunscrito e organizado no tempo e no espaço.

Mais que um comportamento específico, a brincadeira define uma situação onde esse comportamento adquire uma nova significação. Portanto, segundo Brougère, "a brincadeira é uma mutação do sentido, da realidade: nele, as coisas transformam-se em outras. É um espaço à margem da vida cotidiana que obedece a regras criadas pela circunstância. Nela, os objetos podem apresentar-se com significado diferente daquele que possuem normalmente" (1989a, p. 35).

Como atividade social específica, ainda, a brincadeira é partilhada pelas crianças, supondo um sistema de comunicação e interpretação da realidade que vai sendo negociado passo a passo pelos pares, à medida que este se desenrola. Da mesma forma, implica uma atividade consciente e não evasiva, dado que cada gesto significativo, cada uso de objetos implica a (re)elaboração constante das hipóteses sobre a realidade com as quais se está confrontando.

Reiterando a análise de Henriot (1983, p. 36), entendo que qualquer que seja sua forma, qualquer que seja seu nível de estruturação, uma brincadeira aparece sempre como uma situação organizada, onde existe, para aquele que brinca, um certo número de decisões a tomar em uma ordem dada, mesmo que ela seja aleatória e indeterminada, como se pode constatar nos jogos das crianças pequenas. Esta característica da brincadeira é importante, no que se refere à influência que exerce no desenvolvimento infantil, especificamente no desenvolvimento do autocontrole da criança. Isto quer dizer que, mesmo atuando em uma estrutura imaginária, onde as crianças assumem diferentes papéis e atribuindo significados diversos às suas ações e aos objetos com os quais interage, na brincadeira há escolha constante por parte da criança. Essa escolha, que tem como primeira limitação as regras da brincadeira, intrínsecas aos temas e papéis assumidos, amplia-se para as possibilidades representativas dos objetos e acordos interpretativos estabelecidos entre as crianças. Dessa forma, a brincadeira é uma atividade voluntária e consciente.

Portanto, a brincadeira é uma forma de atividade social infantil cuja característica imaginativa e diversa do significado cotidiano da vida fornece uma ocasião educativa única para as crianças. Na brincadeira, as crianças podem pensar e experimentar situações novas ou mesmo do seu cotidiano, isentas das pressões situacionais. No entanto, é importante ressaltar que, pelo seu caráter aleatório, a brincadeira também pode ser o espaço de reiteração de valores retrógrados, conservadores, com os quais a maioria das crianças se confronta diariamente. A contradição dessa atividade só pode ser encontrada e resolvida a partir de uma decisão pedagógica e objetiva sobre os caminhos que se quer ampliar para as crianças. Nesse sentido é que considerei a possibilidade de utilização da brincadeira na pré--escola.

Para nós, a garantia do espaço da brincadeira na pré--escola é a garantia de uma possibilidade de educação da criança em uma perspectiva criadora, voluntária e consciente. Reiterando as ideias de Brougère, ressaltei que a brincadeira

> é o lugar da socialização, da administração da relação com outro, da apropriação da cultura, do exercício da decisão e da invenção. Mas tudo isso se faz segundo o ritmo da criança e possui um aspecto aleatório e incerto. Não se pode organizar, a partir da brincadeira, um programa pedagógico preciso. Aquele que brinca pode sempre evitar aquilo que não gosta. Se a liberdade caracteriza as aprendizagens efetuadas na brincadeira, ela produz também a incertitude quanto aos resultados. De onde a impossibilidade de assentar de forma precisa as aprendiza-

gens na brincadeira. Este é o paradoxo da brincadeira, espaço de aprendizagem fabuloso e incerto. (1989a, p. 36)

Vale acrescentar que entendemos a brincadeira de faz de conta, a brincadeira protagonizada ou a brincadeira de papéis como a atividade do brincar por excelência. A unidade fundamental desta brincadeira é o papel que é assumido pelas crianças e que revela e possibilita, ao mesmo tempo, o desenvolvimento das regras e da imaginação, através de gestos e ações significativas. Outras classificações da brincadeira, de uso corrente na literatura, como brincadeiras tradicionais, jogos de regras e jogos de construção, são consideradas como especificações desta atividade, tendo em vista a origem desta brincadeira e as ações específicas das crianças diante dos objetos ou do espaço.

Inclusive, em alguns momentos, a atividade de desenho infantil será considerada brincadeira neste trabalho, tendo em vista o comportamento interpretativo e imaginativo das crianças.

Do ponto de vista do desenvolvimento da criança, a brincadeira traz vantagens sociais, cognitivas e afetivas.

Segundo o psicólogo Vigotsky (1984, p. 117), é na brincadeira que a criança se comporta além do comportamento habitual de sua idade, além de seu comportamento diário. A criança vivencia uma experiência no brinquedo como se ela fosse maior do que é na realidade. Para este pesquisador, o brinquedo fornece estrutura básica para mudanças das necessidades e da consciência da criança. A ação infantil na esfera imaginativa, em uma situação imaginária, a criação das intenções voluntárias e a formação dos planos de vida real e motivações volitivas aparecem no brinquedo, que se constitui no mais alto nível de desenvolvimento pré--escolar.

É, portanto, na situação de brincar que as crianças se podem colocar desafios e questões além de seu comportamento diário, levantando hipóteses na tentativa de compreender os problemas que lhes são propostos pelas pessoas e pela realidade com a qual interagem. Quando brincam, ao mesmo tempo em que desenvolvem sua imaginação, as crianças podem construir relações reais entre elas e elaborar regras de organização e convivência. Concomitantemente a esse processo, ao reiterarem situações de sua realidade, modificam-nas de acordo com suas necessidades. Ao brincarem, as crianças vão construindo a consciência da realidade, ao mesmo tempo em que já vivem uma possibilidade de modificá-la.

A brincadeira pode ser um espaço privilegiado de interação e confronto de diferentes crianças com diferentes pontos de vista. Nesta experiência elas tentam resolver a contradição da liberdade de brincar no nível simbólico em contraposição às regras por elas estabelecidas, assim como o limite da realidade ou das regras dos próprios jogos aos desejos colocados. Na vivência desses conflitos, as crianças podem enriquecer a relação com seus coetâneos, na direção da autonomia e cooperação, compreendendo e agindo na realidade de forma ativa e construtiva.

A brincadeira infantil pode constituir-se em uma atividade em que as crianças, sozinhas ou em grupo, procuram compreender o mundo e as ações humanas nas quais se inserem cotidianamente. Esta atividade pode ser definida pelos seguintes critérios:

- *A criança pode assumir outras personalidades, representando papéis como se fosse um adulto, outra criança, um boneco, um animal etc.*
- *A criança pode utilizar-se de objetos substitutos, ou seja, pode conferir significados diferentes aos objetos, daqueles que normalmente estes possuem.*
- *Existe uma trama ou situação imaginária.*
- *As crianças realizam ações que representam as interações, os sentimentos e conhecimentos presentes na sociedade na qual vivem.*
- *As regras constitutivas do tema que orienta a brincadeira devem ser respeitadas.*

A brincadeira, como atividade dominante da infância tendo em vista as condições concretas da vida da criança e o lugar que ela ocupa na sociedade é, primordialmente, a forma pela qual esta começa a aprender. Secundariamente, é onde tem início a formação de seus processos de imaginação ativa e, por último, onde ela se apropria das funções sociais e das normas de comportamento que correspondem a certas pessoas.

Para Vigotsky, a aprendizagem configura-se no desenvolvimento das funções superiores através da apropriação e internalização de signos e instrumentos em um contexto de interação. A aprendizagem humana pressupõe uma natureza social específica e um processo mediante o qual as crianças acedem à vida intelectual daqueles que as rodeiam. É por isso que, para ele, a brincadeira,

> [...] cria na criança uma nova forma de desejos. Ensina-a a desejar, relacionando os seus desejos a um "eu" fictício, ao seu papel na brincadeira e suas regras. Dessa maneira, as maiores aquisições de uma criança são conseguidas no brinquedo, aquisições que no futuro tornar-se-ão seu nível básico de ação real e moralidade. (1984, p. 114)

Portanto, a brincadeira é uma situação privilegiada de aprendizagem infantil onde o desenvolvimento pode alcançar níveis mais complexos, exatamente pela possibilidade de interação entre os pares em uma situação imaginária e pela negociação de regras de convivência e de conteúdos temáticos.

Ao definir papéis a serem representados, auferindo significados diferentes aos objetos para uso no brinquedo e no processo de administração do tempo e do espaço em que vão definindo os diferentes temas dos jogos, as crianças têm a possibilidade de levantar hipóteses, resolver problemas e ir acedendo, a partir da construção de sistemas de representação, ao mundo mais amplo ao qual não teriam acesso no seu cotidiano infantil.

É por essa razão que Vigotsky considera que a brincadeira cria para as crianças uma "zona de desenvolvimento proximal" que não é outra coisa senão a distância entre o nível atual de desenvolvimento, determinado pela capacidade de resolver independentemente um problema, e o nível de desenvolvimento, potencial, determinado através da resolução de um problema sob a orientação de um adulto ou com a colaboração de um companheiro mais capaz. Ainda segundo esse autor, a brincadeira possui três características: a imaginação, a imitação e a regra. Estas características estão presentes em todos os tipos de brincadeiras infantis, sejam elas tradicionais, de faz de conta, de regras e podem aparecer também no desenho, considerado enquanto atividade lúdica. Cada uma dessas características pode aparecer de forma mais evidente ou em um tipo ou outro de brincadeira, tendo em vista a idade e a função específica que desempenham junto às crianças.

O processo de transmissão dessas brincadeiras dá-se, normalmente, através de uma cultura infantil que apesar de singular é proveniente da cultura do mundo adulto e cujos elementos são incorporados por um processo de aceitação e nela mantidos com o correr do tempo. Na idade pré-escolar, a ideia de que "isso eu aprendi na rua" ou "foram meus amigos que me ensinaram" é bastante generalizada entre as crianças, quando se referem a jogos ou brincadeiras de seu repertório. Isso porque, segundo o pesquisador Florestan Fernandes,

> um único folguedo pode pôr a criança em contato com quase todos os valores e instituições da comunidade de modo simbólico, em seus grupos [...] O desejo comum de brincar, o contínuo trato com as mesmas crianças, a preferência por certos tipos de jogos, sua livre escolha, a liberdade de que goza nesses momentos e o interesse que lhe desperta o brinquedo em bando conduzem a criança

à formação das primeiras amizades, dando-lhe a noção de posição social.
Nesse grupo, começa o contato da criança com o meio social, de maneira mais livre e íntima. (1979, p. 378-388)

Compreendida dessa forma, a brincadeira infantil passa a ter uma importância fundamental na perspectiva do trabalho pré-escolar, tendo em vista a criança como sujeito histórico e social. Se a brincadeira é, efetivamente, uma necessidade de organização infantil ao mesmo tempo em que é o espaço da interação das crianças, quando estas podem estar pensando/imaginando/vivendo suas relações familiares, as relações de trabalho, a língua, a fala, o corpo, a escrita, para citar alguns dos temas mais importantes, então esta brincadeira se transforma em fator educativo se, no processo pedagógico, for utilizado pela criança para sua organização e trabalho. No entanto, esta atividade não surge espontaneamente, mas sob a influência da educação, geralmente informal no início, através dos contatos com parentes (pai, mãe, irmãos, avós, tios etc.) ou em grupos informais de crianças.

Em trabalho já publicado, destaquei os seguintes pontos que são necessários, na pré-escola, para se garantir o aparecimento da brincadeira independente:

1. que a rotina escolar contemple períodos razoavelmente longos entre as atividades dirigidas para que as crianças se sintam à vontade para brincar;
2. que existam materiais variados, organizados de maneira clara e acessível às crianças, de tal forma que possam

deflagrar e facilitar o aparecimento das brincadeiras entre as crianças. O acesso e a organização dos materiais deve levar em conta a idade das crianças, sendo seu uso coordenado pelo adulto responsável pelo grupo. É importante ressaltar que quanto menores as crianças sua variedade deve ser menor, de tal forma que elas possam explorar ao máximo as propriedades dos mesmos e iniciar um processo de representação com eles. Quanto maiores forem as crianças, pode-se manter um número mais variado de objetos, podendo-se, inclusive, classificá-los e agrupá-los em atividades organizadas com as crianças, segundo suas propriedades e usos específicos;

3. que a sala onde as crianças passam a maior parte de seu tempo tenha uma configuração visual e espacial que facilite o desenvolvimento da imaginação. Os móveis, com mesas, bancos, cadeiras etc., devem ser de fácil manipulação para permitir a reorganização constante do local pelas crianças, e a construção de "casinhas", "cabanas", "lojas", "castelos" etc. É importante, ainda, garantir um canto com espelho, maquiagens, roupas e fantasias para que as crianças possam utilizá-las nos períodos de jogo;

4. que haja um período em que as crianças e o adulto responsável pelo grupo possam conversar sobre as brincadeiras que vivenciaram, as questões que se colocaram, o material que utilizaram, os personagens que assumiram, as crianças que interagiram;

5. que a brincadeira seja incorporada no currículo como um todo, e as questões colocadas no seu desenrolar possam fazer parte de pesquisas desenvolvidas em atividades dirigidas pelas crianças; ampliadas através de passeios, observação da natureza, projeção de vídeos, escuta de rádio, música, leituras etc.;

6. que o adulto seja elemento integrante das brincadeiras, ora como observador e organizador, ora como personagem que explicita ou questiona e enriquece o desenrolar da trama, ora como elo de ligação entre as crianças e os objetos. E, como elemento mediador entre as crianças e o conhecimento, o adulto deve estar sempre junto às primeiras, acolhendo suas brincadeiras, atento às suas questões, auxiliando-as nas suas reais necessidades e buscas em compreender e agir sobre o mundo em que vivem. (França Wajskop, 1990, p. 52-53)

Capítulo 3

Olhar para a brincadeira na pré-escola pública

Tendo em vista as concepções sobre a brincadeira apresentadas até agora e minha posição a respeito, e também a experiência adquirida em pré-escolas particulares, este trabalho busca refletir e mostrar em que medida a pré-escola pública está permitindo às crianças uma interação lúdica e qual o papel que os adultos ou os professores têm desempenhado para a facilitação da brincadeira nesse contexto.

- Qual a representação que o professor faz do brincar infantil?
- Quais os estímulos presentes, através dos objetos que se colocam à disposição das crianças, dos espaços que se fornecem a elas e do tempo que dispõem para brincar?
- Quais as possibilidades de parceria real do adulto com a brincadeira das crianças?

- Do que as crianças brincam? De que forma brincam? Em função de quais temas?

- Como as crianças se organizam para brincar?

- É possível observar, através de seus jogos, uma prática cotidiana de compreensão das suas vidas, da realidade na qual vivem?

- Quais os valores, hábitos e atitudes passados pelos professores através das atividades dirigidas?

- Quais os valores, hábitos e atitudes vivenciados pelas crianças nos jogos?

- Como se agrupam as crianças para jogar?

- Quem define os agrupamentos de crianças?

- Onde as crianças brincam?

- Qual o nível de interferência dessas atividades no restante da escola?

- Como a brincadeira das crianças é incorporada ao cotidiano pedagógico e com quais objetivos?

O objetivo de compreender o espaço que a instituição educacional tem reservado à brincadeira infantil orientou-me para uma pesquisa qualitativa que garantisse um contato direto e prolongado com o cotidiano de alunos, pais, professores e funcionários. Este livro apresentará o resultado do estudo de um caso específico, que buscou compreender as interações cotidianas entre as pessoas onde, efetivamente, a educação escolar acontece.

É o estudo de uma classe de pré-escola que funciona no interior de uma escola estadual de 1º e 2º graus (EEPSG), cujas características físicas e localização central, inclusive por ter sido escola-modelo do final do século XIX (1897), possuem marcas históricas interessantes.

Acompanhei uma classe de educação pré-escolar, das quatro existentes na escola, durante um ano, buscando compreender como se constrói sua prática no cotidiano, através das interações entre as crianças, dessas com os professores, pais e funcionários. Procurei compreender essa classe através das "tramas reais que se armam a partir de pequenas histórias, em que se negocia e se reordena a continuidade e a atividade escolar". (Ezpeleta, 1986b, p. 29)

Para tanto, frequentei a classe cuja professora nos foi apresentada pela assistente de direção como aquela que estaria disposta a acompanhar-me no desenrolar do trabalho, durante oito meses, de maio a dezembro de 1987.

Estando na escola, foi possível organizar melhor os instrumentos de observação e de análise: durante o processo de pesquisa percebi que a reconstrução das representações dos sujeitos e de suas interações implicavam um repensar constante de hipóteses e definições teóricas.

Procurei assumir, desde o início, uma postura de abertura para a realidade, tentando evitar que as expectativas e noções preexistentes limitassem a capacidade de apreensão e compreensão do que era observado.

Como auxílio para esse difícil e constante exercício de construção e reconstrução contínua da pesquisa, trabalhei com os resultados das investigações da etnografia educacional produzidas pelo grupo de Ezpeleta e Rockwell, que desenvolvem pesquisas na área no Departamento de Investigações Educativas do Instituto Politécnico Nacional, na Cidade do México.

Procurei documentar o não documentado, através da produção de uma descrição, onde importa conservar os elementos particulares do objeto que se estudou para articulá-lo com os pressupostos teóricos sobre a brincadeira e sobre a pré-escola explicitados no início deste livro.

A adoção da concepção de Heller sobre vida cotidiana possibilitou que a investigação explicitasse a estrutura e o funcionamento de uma classe de pré-escola, através da análise das diversas interações entre pais, professores, direção e crianças, assim como das representações sobre brincar e conhecimento produzidas por estes. Para tanto, fez-se necessário analisar as características centrais desse cotidiano, quais sejam: a heterogeneidade no que se refere ao tipo e às significações das atividades; a hierarquia impingida às atividades, condicionada à estrutura econômico--social vigente; a variabilidade de possibilidades de escolha; a tendência à espontaneidade e, por fim, seu ritmo fixo, a repetição e a rigorosa regularidade que o mantém.

Nessa tarefa de reconstruir o cotidiano da pré-escola deparei-me com problemas semelhantes aos analisados por Rockwell, quais sejam, sequências de interação que à primeira vista podem parecer incoerentes e que só se reconstroem no processo analítico de torná-los inteligentes.

Procurei, portanto, reconstruir a pré-escola estudada, no tempo e espaço histórico; sua forma de utilização do tempo através da rotina escolar; as atividades desenvolvidas através das propostas orientadas pelo professor ou pelas ações livres e espontâneas das crianças.

O material da análise foi obtido através de:

- observações corridas das atividades desenvolvidas com as crianças em sala ou no pátio;

- interações estabelecidas com as crianças, professora, diretor ou com os serventes e registrados em outro período em diário de campo;

- produções das crianças em atividades dirigidas pela professora, como exercícios mimeografados;

- desenhos livres feitos sob a orientação da professora e desenhos cujo tema foi proposto por mim em uma das sessões;

- anotações no diário de campo após participação nas reuniões de pais e mestres, na festa de encerramento e no encontro realizado na Delegacia de Ensino para assistir ao programa de vídeo: vídeo produzido pela pesquisadora durante o trabalho realizado em classe;

- análise do material coletado nos arquivos da escola, seja nos prontuários das crianças, seja no material de documentação histórica fornecido pela escola e nas estatísticas do Sistema de Informações Educacionais (SIE) da Secretaria de Educação do Estado de São Paulo.

A análise do material apresentada a seguir busca articular uma compreensão que levou em conta a origem social das crianças, a representação da professora a respeito delas e da proposta pedagógica que orienta as atitudes de ambas em relação às atividades dirigidas, as atitudes independentes das crianças, as interações destas com a professora, seus colegas e outros companheiros da escola, a relação entre as crianças e o conhecimento apresentado pela escola e produzido entre os pares, as interações das crianças com outros profissionais da escola, a relação das crianças com o tempo e o espaço escolar, a relação da professora com o tempo e o espaço escolar, em uma dinâmica constante de reconstrução do cotidiano institucional considerando minhas concepções de pré-escola e de brincadeira infantil.

Invadindo o cotidiano escolar desses sujeitos vivos, históricos e contraditórios, procurei, como afirma Campos, "incluir no campo do observável muitos aspectos que geralmente não são captados (pelas pesquisas): a história local da escola, o significado dos vários componentes da instituição e da ação escolar para as pessoas que concretamente lhe dão vida no dia a dia" (1984, p. 63).

Neste percurso, surpreendi-me fazendo análises preconceituosas e apressadas e nesses momentos procurei rever-me; descobri o lado humano e contraditório da professora, compreendendo e respeitando suas dificuldades. Ao mesmo tempo, refiz hipóteses, reelaborei a teoria, relativizando os pressupostos iniciais.

Os próximos capítulos são o resultado da síntese possível.

Capítulo 4

Tecendo as tramas cotidianas

Localizada na região central do município de São Paulo, a escola situa-se em zona tipicamente urbana, provida de bens e serviços públicos os mais diversos: é vizinha de muro de um museu e os fundos do prédio dão para um parque público. Seu portão principal abre-se para uma grande avenida, via de acesso a vários bairros paulistanos, vias marginais e estação ferroviária. Está próxima, ainda, a duas estações de trem e mais duas estações de metrô. Rodeada por ruas comerciais, é passagem e zona de circulação de migrantes e comerciantes que por essa região se estabeleceram ou vêm fazer compras. Ao mesmo tempo, é rodeada por antigas vilas operárias, hoje moradia de funcionários públicos ou transformadas em cortiços, assim como por grandes casarões do início do século, distribuídos pelas vias próximas. Há ao seu redor, ainda, alguns edifícios residenciais antigos, de classe média, ocupados pelas diversas levas de imigrantes que chegaram no bairro.

Segundo dados coletados no arquivo da escola, o bairro representa e revela as modificações que o município de São Paulo sofreu com a crescente concentração urbana e crescimento econômico.

Em fins do século passado, era habitado por imigrantes italianos e mais tarde por judeus e gregos que por ali se estabeleceram, vindo contribuir para o desenvolvimento industrial da cidade. Concomitante a esse fato, no centro deste bairro de imigrantes, residencial e pacato, era inaugurada uma escola-modelo, pública, onde estudavam os filhos das elites da época, segundo se pode comprovar pelos sobrenomes registrados nas atas de exame datadas de 1897.

Até hoje identificada como "boa" escola, a unidade pesquisada traz impregnada em seu espaço as mudanças da educação pública paulista, assim como as modificações da cidade e do bairro, representadas nas origens de sua clientela.

Construída no local que atualmente abriga o museu, a escola-modelo foi tendo seu espaço e seu papel social modificados com o tempo, acompanhando as mudanças socioeconômicas da cidade. Transformou-se em grupo escolar para os filhos dos imigrantes italianos, judeus e gregos a partir da década de 1920; mudou-se para um prédio "modernizado", em área vizinha, a partir da década de 1950; transformou-se em grupo escolar — ginásio na década de 1970 —, abrindo suas portas para os filhos de comerciários e empregados domésticos da região. Finalmente, estabeleceu-se como escola estadual de 1º grau dirigida a filhos de comerciários, industriários e empregados domésticos em geral, a partir de 1976, apresentando-se, hoje, como escola estadual de 1º e 2º graus.

Na época da pesquisa, a escola atendia a cerca de 3.504 alunos, distribuídos em 64 classes de supletivo de 2º grau, dez classes de educação especial, incluindo atendimento especializado a alunos deficientes auditivos, quatro classes de pré-escola e aproximadamente 62 classes de 1º grau.

Esta escola é considerada, no âmbito da Secretaria da Educação, como de grande porte, atendendo à demanda dos alunos em três turnos diários.

Segundo alguns dados coletados por meio dos prontuários dos alunos e dos questionários respondidos pelos pais durante a festa de encerramento do ano, as crianças atendidas pela escola moravam, basicamente, nas imediações, em pequenas habitações, e a renda familiar variava de 1 a 6 salários mínimos.[1] As profissões dos pais situavam-se no setor terciário, representado por comerciários, técnicos em geral e funcionários públicos. As mães, na sua maioria, desempenhavam atividades domésticas no próprio local de moradia.

Com relação à pré-escola, depreende-se pelos documentos encontrados que, antes mesmo de transformar-se em escola estadual de 1º grau — portanto, antes da promulgação da Lei n. 5.692/71, que abria precedente para a inserção de classes de pré-escola como antecipação da escolaridade nas escolas estaduais — a unidade pesquisada já possuía salas de educação infantil. Segundo consta nos documentos en-

---

1. Informações obtidas em dezembro de 1987.

BRINCAR NA EDUCAÇÃO INFANTIL

contrados, já em 1966 existiam salas de pré-primário no grupo escolar, demonstrando oferta para esse grau de ensino. É possível que o tipo de clientela do bairro, em função de sua origem europeia e operária, tenha exercido pressão para que a escola atendesse à demanda da população.[2]

Durante o ano da pesquisa, a escola contava com quatro salas de educação infantil nível 3, atendendo, em média, a 25 crianças por classe, com idade inicial entre 5 e 6 anos. Ressalte-se que a frequência das crianças oscilou bastante durante o período acompanhado por nós, sendo que, das 25 que iniciaram o ano letivo, duas foram transferidas e cinco evadiram-se.

As quatro salas de educação infantil nível 3 estiveram sob a responsabilidade de apenas três professoras durante o ano da pesquisa, sendo que uma delas acumulava as classes do período da manhã e do período da tarde, cumprindo jornada integral de trabalho docente.

A sala de educação infantil nível 3 pesquisada estava sob a responsabilidade de uma professora que ministrava aulas nessa escola apenas nessa sala, no período da tarde, completando sua jornada de trabalho em uma Escola Municipal de Educação Infantil (EMEI) da prefeitura de São Paulo, no outro período.

Em conversas com a professora da classe pesquisada, descobrimos que a forma de organização do trabalho esco-

---

2. Encontramos uma média de 60 crianças atendidas por ano, divididas em duas ou três classes, no registro dos livros de matrículas a partir de 1966 até 1977 e no ano de 1980.

lar cria uma distância entre os professores. Estes, principalmente os de pré-escola, quase não se encontravam — apesar de duas delas serem vizinhas de sala — e quase todas as atividades foram planejadas individualmente. Pudemos acompanhar, durante a pesquisa, duas atividades importantes para o desenrolar do cotidiano pedagógico, que foram planejadas e solucionadas com muita dificuldade e solidão pelas professoras: uma tratava-se da organização da reunião de pais para apresentação dos trabalhos do semestre e discussão sobre os critérios de promoção e retenção para a 1ª série, enquanto a outra referia-se à organização e concretização da festa de formatura das crianças. Segundo a professora pesquisada, não havia previsão de reuniões do corpo docente que facilitassem o encontro dos professores para programar esses eventos. Além disso, esta professora não se sentia apoiada pelo diretor para desenvolver nenhuma ação. Essas duas atividades acabaram sendo planejadas no recreio das crianças, sendo que as professoras não conseguiram consenso no que se referia à reunião de pais, organizando-a cada uma à sua maneira. A solução encontrada pela professora foi usar um pequeno período de aula para o desenvolvimento dessa atividade, apoiando-se em nós para ficar um pouco ora com as crianças, ora com as mães. Com relação à festa de encerramento, só houve acordo entre as duas professoras do período da tarde, enquanto as outras duas classes não realizaram nenhuma festa de formatura. As primeiras utilizaram parte do tempo de aula para preparar os enfeites utilizados na festa e para o ensaio das crianças, tendo como modelo a festa que a professora estava realizando com seus alunos da escola municipal.

Nas conversas mantidas com a professora, muitas vezes lhe sugerimos que saísse com as crianças para visitar o museu, o parque vizinho ou até as estações de trem e metrô, justificando uma ampliação do repertório destas. Ante tais sugestões, respondia que havia tentado várias vezes organizar passeios ao Zoológico ou ao Playcenter, seguindo programações que desenvolvia com as crianças da EMEI, mas que sempre encontrou resistência, seja do diretor, seja de sua colega de sala.

Evidencia-se aí o círculo vicioso criado na estrutura e na organização escolares. Se, por um lado, a escola não fornece condições de trabalho que garanta a socialização de informações, com vistas a planejamentos, avaliações e atividades conjuntas, por outro, os próprios profissionais não se sentem com força suficiente para quebrar esse esquema. O que resulta disso é uma rede complicada de relações, orientada por uma falta generalizada de solidariedade e um sentimento residual de imensa solidão.

Este sentimento agudizava-se ante a falta de orientações técnicas e diretrizes advindas da Secretaria da Educação. Segundo a professora, o "descaso pela pré-escola" é um dos maiores problemas que enfrentava em sua prática. Esta constatação levou-a a buscar "socorro" nas propostas e metodologias desenvolvidas na rede municipal de ensino, onde lecionava em outro período do dia.

Mas este, provavelmente, não é um problema que afeta só a ela e que tem suas origens na carência de leis que defendam explicitamente a pré-escola como obrigatória. A Lei n. 5.692, de 11 de agosto de 1971, que fixa diretrizes e bases para o ensino de 1º e 2º graus, estabeleceu, apenas no artigo 19, § 2º, que "os sistemas de ensino velarão para que as crianças de idade inferior a sete anos recebam conveniente educação em escolas maternais, jardins de infância e instituições equivalentes", sem especificar responsabilidades ou obrigatoriedade pelo atendimento por parte do Estado. Com base neste artigo, o Conselho Federal de Educação emitiu diversos pareceres estabelecendo precedentes de atendimento às crianças entre 5 e 6 anos nas redes públicas de 1º grau.[3]

Assim, baseados em concepções sobre a marginalidade cultural e na teoria da carência das crianças brasileiras, tais pareceres definiram um atendimento antecipatório à entrada das crianças à escola, com objetivos explícitos de evitar seu futuro fracasso escolar. Os autores desses pareceres, baseados em teorias norte-americanas e em um conceito de criança ideal, cujo desempenho adequado deveria responder satisfatoriamente às atividades escolares, defenderam, a partir da década de 1970, a educação escolar como trabalho pedagógico junto às crianças consideradas carentes. Assim definidas, as classes de pré-escola estabelecem um vínculo estrito com o 1º grau, entendidas como período de antecipação à escolaridade, compensatório e/ou preparatório. Se esse vínculo estrito com o 1º grau aparece em nível da lei e em algumas atividades preparatórias desenvolvidas em sala de aula, na prática, a pré-escola aparece como "estorvo" para a estrutura e o funcionamento da escola de 1º grau.

---

3. Indicação n. 45, Cons. Eurides Brito da Silva, *Legislação básica da educação pré-escolar*, 1982, p. 46.

Assim, essas classes situam-se fora do currículo do ensino básico, resultando daí o abandono pelos sistemas de supervisão e normatização da Secretaria da Educação. Somam-se a isso, a perspectiva e expectativa criadas no âmbito do governo estadual, desde 1982, com relação à municipalização do ensino pré-escolar, o que relega essas classes a um apêndice da escola, à espera de modificações futuras.

A despeito desse fato, sua presença na educação pública e especificamente nesta escola, há pelo menos vinte anos, deixou marcas tão profundas que o cotidiano escolar não pode desprezar.

Solitárias, sem o apoio do diretor e dos demais especialistas de ensino, as professoras vão ocupando, junto com seus alunos, os espaços da escola, descritos a seguir.

Os espaços dentro e fora da classe

Pelo portão principal se tem acesso a duas quadras externas, um pátio central e coberto, anexo a um palco do qual saem outros pátios que constituem os corredores das salas de aula. Umas ao lado das outras, estas ocupam dois pavilhões da escola. Com acesso pela outra rua — o prédio localiza-se em uma esquina — há um amplo *hall* de entrada para a secretaria, a sala dos professores, a diretoria, a biblioteca — que é também a sala da assistente de direção —, duas salas equipadas com aparelhos para deficientes auditivos (e que não funcionam por falta de manutenção), a sala do arquivo morto e a cozinha. Através da cozinha se tem acesso ao pátio das salas e às dependências dos professores e da direção. Há também um portão que possibilita o acesso dos alunos aos pátios e salas de aula.

Observei, no decorrer da pesquisa, que as merendeiras têm livre acesso a ambos os espaços, demonstrando cumprir um papel importante no que se refere à socialização e à interação entre as crianças na escola, à organização e utilização do espaço, assim como à definição e cumprimento das normas de convivência entre todos. Também são elas que determinam fortemente o uso do tempo escolar, marcando-o com a distribuição da merenda: a escola orienta-se basicamente pelas atividades que ocorrem antes e depois da merenda.

No seu cotidiano, muito da experiência familiar é incorporada à escola. Foi o que se pôde verificar à hora da merenda, quando as crianças se soltavam mais para brincar entre elas e, simultaneamente, estabeleciam uma relação mais próxima e mais afetiva com as merendeiras que lhes serviam o alimento, como se estivessem em uma situação de refeição em suas casas. Ao mesmo tempo, este é um momento onde, por um curto período de tempo enquanto estão comendo, as crianças podem interagir livremente com as crianças da outra sala do pré, que saem para o recreio no mesmo horário. Em uma das observações realizadas, constatei a ocupação deste "território livre" pelas crianças, que deixavam evidente a não aceitação da entrada da professora em suas atividades espontâneas:

> Após servirem-se de pudim e de biscoitos, seis meninos agruparam-se para comer em um canto do pátio interno

da cozinha, próximo ao muro onde eu me encontrava encostada, escrevendo. Rindo muito e numa atitude de aprovação/afastamento físico, iniciaram a seguinte brincadeira com as palavras:

Cr. 1: É pudim de côco?

Cr: Não! É pudim de nariz!

Cr. 2: É pudim de cocô?

Cr: Não! É pudim de banana!

Cr. 3: É pudim de cocô?

Cr: Não! É pudim de maçã!

Diante da aproximação da professora, as crianças afastaram-se e suspenderam a brincadeira por um momento, impedindo-a de saber o que faziam. Minutos depois juntaram-se a brincar, quando do distanciamento da mestra. (*Diário de Campo*, 19/8/1987)

As duas salas de aula, bastante amplas, estão ligadas entre si por uma porta, dando acesso, pelo fundo da sala pesquisada, ao banheiro de uso exclusivo do pré. Este parece ter sido planejado segundo as normas específicas de prédios pré-escolares, possuindo amplo espaço coletivo onde se encontram quatro pias com espelhos e quatro boxes, contendo cada um deles um pequeno vaso sanitário. Os banheiros, de uso frequente pelas crianças, são destinados a ambos os sexos e ficavam longe dos olhares da professora. Assim, apesar de ser necessário pedir-lhe permissão para frequentá-los, não é raro encontrar as crianças conversando, inclusive com alunos da sala ao lado, ao cruzarem-se lavando as mãos ou na entrada/saída do local.

Assim como na cozinha, é no banheiro que as crianças rompem com a disciplina e organização escolares, interagindo de maneira mais próxima àquela que estão acostumadas fora da escola. Segundo a professora, o livre trânsito das crianças até o banheiro é um fator de dispersão e algazarra para o trabalho escolar; no entanto, cria uma descontração entre as crianças, que podem trocar seus conhecimentos em uma relação mais direta.

Outro fato interessante a registrar, com relação ao aspecto facilitador do espaço da sala, em contradição com o discurso e atividades escolares, é o uso que as crianças faziam da lata de lixo. Situada entre a porta de ligação com a outra sala e o banheiro, é um local onde frequentemente encontrei duas ou mais crianças a conversar. Aproveitando a necessidade de apontarem seus lápis, ficavam um tempo razoável trocando informações sobre as atividades desenvolvidas ou mesmo comparando as cores, as pontas e os tamanhos dos lápis com os quais estavam trabalhando, em uma atitude que revelava interesse por jogos de classificação e agrupamento.

Além do acesso fácil ao banheiro, outros elementos diferenciam o espaço físico do pré das outras salas da escola: há 3 armários fechados a chave; uma lousa que ocupa uma parede inteira; um gabinete do professor, 6 mesas de 4 lugares, baixas, forradas com fórmica branca; 25 cadeirinhas em madeira com encosto, 2 cabideiros para a guarda das lancheiras e uma prateleira com vasos de plantas.

A configuração das crianças na sala, divididas entre cinco mesas, e o aparente livre trânsito pela classe, poderia sugerir um projeto pedagógico voltado para ações coletivas, interativas e cooperativas. No entanto, na maioria das atividades, as crianças desenvolviam trabalhos sentadas, individualmente, e orientadas pela professora que antecipava o exercício na lousa, repetido mecanicamente nas 25 folhas mimeografadas. Outra marca da organização da sala é a diferenciação diária entre meninos e meninas, que se sentavam separadamente nas mesinhas. Segundo a professora, isso ocorria por ser um "fator natural, eles sempre se sentam dessa forma".

Apesar da crença da professora nessa naturalidade, constatou-se, na sala, que suas ações e a ocupação do espaço físico reiteravam cotidianamente essa diferença:

- as lancheiras ficavam guardadas em locais opostos da sala, agrupadas por sexo;
- toda atividade que implicava mobilidade física das crianças era orientada pela professora para que fossem feitas duas filas: uma de meninos e a outra de meninas;
- a distribuição de material pela professora era feita por agrupamento segundo o sexo das crianças.

Na ausência de estímulos, pela professora, para interações intersexuais entre as crianças, parecia que lhes ficava mais difícil acompanhar essas atitudes em atividades espontâneas. Em todo o período da pesquisa, foi raro encontrar grupos misturados, brincando.

Ainda com relação ao espaço, pode-se ver, do fundo do prédio que abriga as salas de pré-escola, um muro que separa o pátio da cozinha de um pequeno *playground*. Segundo a professora, este espaço possui um escorregador, balanço e gira-gira, mas se encontrava abandonado e fechado há muito tempo. A professora não soube explicar a razão do abandono, referindo-se a um "eles" abstrato como responsáveis pelo fato. Ainda segundo a professora, este local fazia falta, pois seus alunos eram obrigados a fazer o recreio no pátio comum a todas as classes, sendo obrigados a "comportarem-se" para não atrapalhar os colegas que estavam em aula.

A partir da reflexão sobre a importância de um espaço diferenciado para a brincadeira das crianças e da impossibilidade real do uso do mesmo por essas últimas, delineia-se a representação da professora a respeito da brincadeira infantil. Segundo ela, seus alunos deviam "correr, brincar e pular para se desenvolverem", mas afastados do contato com os maiores, para que não ocorressem brigas nem "acidentes". Também considerava a importância dos brinquedos de *playground* à hora da brincadeira, pois do contrário as crianças não sabiam o que fazer, tendo que correr de um lado para o outro do pátio, gritando e fazendo algazarra.

Evidencia-se, na crença da professora sobre o papel que a brincadeira desempenha como elemento do desenvolvimento infantil, uma concepção de jogo baseada nas teorias naturalistas que têm permeado propostas e currículos para a pré-escola. É frequente encontrarmos, em manuais para o professor, a tão conhecida frase "é brincando que a criança aprende", ou "brincando a criança pode se desenvolver biopsicofisicamente", ou a afirmação de que é importante brincar para liberar energias extras, permitindo maior concentração nos estudos. Mas se essas teorias baseadas na ideia de que a brincadeira é uma característica biológica infantil e que se desenvolve naturalmente tornaram-se senso comum no ideário do professor de pré-escola, este mesmo professor age contrariamente ao que diz.

Conforme observei durante vários recreios, frequentemente a professora se aproximava de grupos de meninos que brincavam de pega-pega, polícia e ladrão ou agrupavam-se para planejar jogos de pega cujos personagens eram heróis de desenhos animados televisivos, para dissipá-los. A professora pedia ora que corressem menos, pois poderiam cansar-se, ora que brincassem mais sossegadamente e que fizessem menos barulho para não atrapalhar os maiores em aula. Ao mesmo tempo, elogiava as meninas que ficavam quase durante todo o recreio sentadas sobre o palco a observar os meninos ou organizando tímidos jogos de mamãe/filhinha, mas sempre verbalmente e com poucos movimentos.

Ficava evidente que, apesar de acreditar, como ilusão pedagógica, na importância da brincadeira para o desenvolvimento de seus alunos, a professora não interferia pedagogicamente diante deles. Ao contrário, ela atuava como fiscal da "desordem", pedindo silêncio e organização. Com isso, perdia a possibilidade de observar e compreender a riqueza de troca de repertório que ocorria entre essas crianças, quando compunham a brincadeira de pega-pega das mais diversas formas, através da auto-organização e da definição de regras de participação ou assumindo papéis apreendidos do imenso arsenal cultural com que se defrontam diariamente fora da escola.

Uma cena observada reafirma o quanto de desafio está colocado pelas crianças durante o recreio, evidenciando possibilidades de um trabalho pedagógico baseado na brincadeira:

> Ao sair do corredor reservado à merenda, a professora organizou duas filas de crianças para dirigirem-se ao pátio. Lá chegando, as crianças corriam de um lado para outro, aparentemente como a "soltar as energias" retidas em sala. Aos poucos, observei grupos pequenos, esparsos, que brincavam de diversos temas, rindo e gritando muito. Da cantina observava-se um rapaz que marcava com giz alguns locais no chão. As crianças aproximaram-se dele, querendo saber o que fazia. Ao saberem que os quadrados marcados no chão serviriam para o ensaio da quadrilha do 1º grau, as crianças aproximaram-se ainda mais e muitas delas iniciaram um jogo de pulá-los, como se fosse uma amarelinha.[4] Diante da receptividade do rapaz que disse: "Querem brincar?", as crianças passaram a inventar um jogo de pega que consistia em tentar pegar alguma parte do corpo do rapaz, que fugia delas. A brincadeira levou uns 10 minutos até que a professora, da cantina, bateu palmas três vezes, dissipando a brincadei-

---

4. Jogo gráfico, conforme classificação de Veríssimo de Melo (*Folclore infantil*, Belo Horizonte: Itatiaia, 1985. p. 135-136), a amarelinha consiste em um gráfico, que as crianças desenham na calçada ou no chão para pular segundo regras definidas de acordo com a região. As denominações do gráfico variam também muito e é encontrado como avião, em Alagoas; amarelinha, em outros Estados do Sul; *marelle*, na França; *la pelegrina*, em Porto Rico; *luche* ou *el cajon*, no Chile; *golosa* ou *coroza*, na Colômbia; *rayuela* ou *tejo*, na Argentina; *reina mora, pata coja*, infernáculo, *coscojita* ou *coscojilla*, na Espanha; *tejo* nas Canárias, jogo do homem, jogo da mulher, da macaca, do diabo, do homem morto, do gargalo, em Portugal. Os gregos, segundo Júlio Pólux, chamavam-no *ascolias* e os romanos, jogo do odre.

ra. Imediatamente as crianças ficaram quietas e organizaram-se em fila para voltar à classe. (*Diário de Campo*, 24/6/1987)

Sem dúvida, a receptividade e afetividade do ex-aluno que preparava o ensaio da quadrilha permitiram que as crianças se soltassem e brincassem, sem discriminação por sexo, todas juntas, no mesmo espaço. Demonstraram aí sua possibilidade de auto-organização, através da apropriação do espaço e de um jogo de contatos corporais. Mais uma vez a professora apareceu como o "estraga prazeres",[5] que chama à realidade escolar o grupo infantil.

As ações da professora evidenciaram mais uma vez sua dificuldade em lidar com os conhecimentos trazidos pelas crianças através das brincadeiras, e revelaram seu papel disciplinador na escola. Contraditoriamente ao que diz sobre a necessidade de as crianças "brincarem e pularem", ela reafirmou o espaço transitório reservado à pré-escola no funcionamento do 1º grau, que aparece concretamente como estorvo, pois a "algazarra" das crianças pequenas devia ser contida em função da "seriedade" das atividades escolares dos maiores.

Acrescente-se à desimportância relativa do pré no interior da escola, sua fraqueza diante da Delegacia ou da Divisão Regional de Ensino para reivindicar e conquistar a abertura e a manutenção do *playground* próprio para os pequenos.

---

5. Para aprofundar esse tema, ver Huizinga, Johan, *Homo ludens*. São Paulo: Perspectiva, 1980. p. 14-15.

Fica uma questão: caso o desejo da professora se realizasse, haveria alguma mudança substancial na relação pedagógica vivida pelas crianças na escola ou a carência espacial não é mais uma justificativa para as dificuldades vivenciadas ante o desafio de seus alunos?

A rotina escolar

O período compreendido entre as 13:00 e as 17:00 horas é utilizado, pelos alunos e pela professora, segundo uma lógica que aparentemente define mais comportamentos e atitudes do que permite um processo de aquisição e construção de conhecimentos por ambos.

Diariamente, as crianças entravam com irmãos e amigos pelo portão principal da escola, sem controle ou organização prévia; após esse período ficavam aguardando a chegada da professora na porta da sala de aula, que permanecia trancada enquanto esta não chegava.

Durante o tempo em que esperavam a professora, as crianças entravam em contato com alunos de outras classes, interagindo principalmente com irmãos ou amigos mais próximos, no corredor e pátio externo comuns.

Com a aproximação da professora, os grupos de amigos dispersavam-se: neste momento frequentemente pudemos observar despedidas carinhosas ou término de divisão de doces entre eles.

Em geral, ao ser avistada no início do corredor por alguma criança, a informação de que a professora estava

BRINCAR NA EDUCAÇÃO INFANTIL

chegando era anunciada e todos se aproximavam da porta. Com sua chegada, as crianças silenciavam e a professora indicava, através de gestos ou de um tom de voz mais severo que de costume, como deviam organizar-se para entrar em classe. Isso significava que, enquanto os alunos não se arrumassem em duas filas, discriminadas por sexo e por ordem de tamanho, a sala não seria aberta para a entrada de todos. Apesar da dificuldade das crianças em organizarem-se rapidamente desta forma, elas o faziam, pois de alguma maneira sabiam que, como bem demonstrou Risopatron para as escolas mexicanas, "os alunos devem submeter-se ao ritmo imposto pelo professor. Para eles, é algo determinado exteriormente e em geral está marcado pela pressão, pela rapidez. O que se objetiva nessa situação é que o tempo é algo homogêneo, quer dizer, deve ser o mesmo para todos" (1985, p. 45).

Após a entrada, as crianças dirigiam-se aos locais onde são guardadas as lancheiras e só depois é que se sentavam nos lugares definidos para cada um nos grupos distribuídos pelas pequenas mesas da sala.

A professora desejava-lhes "boa-tarde", ao que era respondida em coro por todas as crianças.

Em seguida era feita a distribuição das sacolas individuais com o material de cada criança, que a professora ia tirando uma a uma do armário; e, na medida em que reconhecia seu nome impresso no bolso externo, a criança dirigia-se para pegá-la. As sacolas tinham todas o mesmo formato e eram confeccionadas em tecido; as dos meninos, azuis, com um Mickey impresso, e as das meninas, vermelhas, com a Margarida (ambos personagens de Walt Disney) estampada em um dos lados.

Sempre em silêncio, chamando a atenção das crianças por meio de gestos ou de frases curtas, a professora estimulava que cada uma reconhecesse sua sacola e viesse buscá-la. Em muitos momentos, pôde-se observar as crianças interagindo inter ou intragrupos, ajudando-se na leitura dos nomes e consequente reconhecimento das sacolas, avisando umas às outras de sua vez.

Entre a entrega de uma sacola e outra, a professora mostrava-se bastante solta na conversa com as crianças, fazendo perguntas com relação à vida de cada uma, como passaram durante o período da manhã e tecendo comentários a respeito do clima ou observando a ausência de alguns alunos.

No entanto, esse tipo de interação entre a professora e as crianças e destas entre si parecia não ser entendido como conteúdo escolar, nem por estas nem por aquela.

Embora se tenha constatado o desafio das crianças por lerem seus nomes impressos nas sacolas, assim como os de seus colegas, o que importava à professora era a ordem e disciplina dos alunos em recolher o material; a questão da aquisição da leitura era vista por ela como uma atividade a ser desenvolvida em outro momento. Entendia que as crianças apenas "reconhecem" suas sacolas, pela memória visual, desconsiderando o esforço cognitivo individual e do grupo pela leitura dos nomes. Para a professora, o mais importante, nesse momento, era a repetição do ritual de distribuição das sacolas que se configurava como parte do treino de hábitos disciplinares dos alunos.

No que se referia às crianças, o que se observou é que, enquanto liam e auxiliavam-se na leitura dos nomes impressos nas sacolas, esse período transformava-se em momento de "distensão pedagógica",[6] quando podiam interagir livremente. Diante das questões da professora, respondiam sempre em coro, através de frases curtas. Se uma ou outra criança relatava algo de novo, ela o fazia para os colegas do grupo, como se adivinhasse que, no coletivo, sua voz ressoaria no vazio.

Isto ocorre porque as práticas da professora baseiam-se em concepções de aprendizagem e de linguagem que não levam em consideração o processo de construção, interação e interlocução das crianças, nem as necessidades e as condições de vida das crianças fora da escola.

Após esse período, diariamente, procedia-se à elaboração do calendário do dia, que marcava, de fato, o início do processo pedagógico.

Após a elaboração do calendário, a professora iniciava uma oração a Deus, quando as crianças agradeciam, todas juntas, em coro, a possibilidade de frequentarem a escola e o dia que iriam passar.

Observei, apesar da ordem relatada, que esta podia inverter-se, vindo a oração antes ou depois dos rituais ora citados. De qualquer maneira, eram situações que ocorriam invariavelmente todos os dias.

---

6. Risopatron, no seu texto "Los sujetos y la construcción social del conocimiento escolar en primaria: un estudio etnográfico", usa o termo "relajo", o qual traduzimos por "distensão pedagógica", significando os períodos em que há livre interação por parte das crianças, quando não respondem às atividades dirigidas pela professora.

Considerando que a entrada em sala, entre organizar a fila e abrir a porta, demorava em média de dez a quinze minutos — em geral a professora chegava às 13:30 — e que os rituais que acabei de descrever demoravam mais quinze a vinte minutos, parte significativa do tempo escolar — 25% das três horas e meia que as crianças permaneciam na escola — era utilizada para a rotinização de uma mesma forma de encontro e interação inicial entre alunos e professora.

Após esse período, tinha início as atividades de exercícios gráficos e dirigidos, considerados prioritários pela professora no processo de ensino-aprendizagem. Geralmente, a professora distribuía folhas de papel com figuras mimeografadas ou em branco, para que as crianças preenchessem com exercícios motores, colorindo, recortando ou colando, segundo instruções que lhes eram dadas oralmente e reiteradas graficamente na lousa. Essas atividades demoravam por volta de uma hora a uma hora e meia, quando as crianças permaneciam sentadas. Não era raro que, ao término de um exercício, caso esse prazo não se tivesse esgotado, a professora oferecesse um segundo exercício aos alunos. O tempo longo exigido pelas atividades gráficas era desgastante para as crianças, que procuravam substituir a espera e a repetição por conversas e desenhos, como podemos observar no exemplo abaixo:

> Após distribuir as sacolas, a professora pediu que as crianças retirassem suas caixas de lápis de cor e as colocassem sobre as mesas.
>
> Alguns alunos compararam entre si o tamanho de seus lápis, agrupando-os no centro da mesa, lado a lado. Outras

crianças comentaram as ilustrações desenhadas nas caixas, já que algumas delas possuíam pássaros impressos e outras, animais selvagens. Tudo isso aconteceu num clima de certo burburinho.

A professora então disse: "Não precisa conversar e falar tanto para tirar os lápis! Antes da professora falar ninguém vai fazer nada!"

Estabeleceu-se novamente o silêncio na classe, enquanto a professora passava de mesa em mesa, checando as caixas de cada criança. Ao notar que, entre dois meninos, havia grande diferença de número de lápis em suas caixas, ela ordenou que o proprietário da caixa com maior número devolvesse aqueles que pegou de seu colega e rearrumassem ambos suas caixas. Os meninos obedeceram ao mesmo tempo em que foram estabelecendo um jogo de comparação numérica dos lápis, silenciosamente.

Em seguida, a professora distribuiu entre as crianças uma folha sulfite tamanho ofício dividida em duas partes. Numa delas havia um cachorrinho impresso em cima de uma casinha; do outro lado havia uma bola desenhada embaixo da mesma casinha.

À medida que as crianças iam recebendo as folhas com os desenhos mimeografados, algumas delas iniciavam nova interação com aquelas que ainda não as haviam recebido, mostrando-lhes com interesse os desenhos impressos.

Com o restabelecimento do burburinho, a professora interveio novamente: "Não é para fazer nada nessa folhinha! Tem gente conversando demais!"

Novamente o silêncio!

Ao término da distribuição das folhas, a professora colocou-se perto da lousa e de frente para a classe, iniciando novo diálogo com os alunos que, sempre em coro, respondiam às suas questões.

Profa.: O que há nessa folhinha?

Crs.: Cachor...

Nem bem as crianças acabavam de responder ela fazia novas perguntas, umas em cima das outras, enquanto as crianças corriam com as respostas para acompanhá-la.

Profa.: Quantas partes tem a folha? Duas par...

Crs.: ...tes.

A professora, mostrando a folha para todos, cobriu com as mãos uma das partes desta, dizendo: "Agora, nós vamos trabalhar só com essa parte da folha. Eu quero que vocês pintem apenas o cachorrinho que está em cima da casinha.

Enquanto as crianças mostravam umas às outras o que iriam colorir, já dando início à escolha dos lápis de cor, a professora, mais uma vez, reiterava a orientação dada: "Então... eu posso pintar só o cachorrinho que está em cima da casinha!" (*Diário de Campo*, 24/6/1987)

Nesse tipo de atividade, apesar de a professora manejar e estruturar o tempo no interior da classe, assinalando os períodos de atividades permitidos aos alunos através das perguntas e das orientações que lhes fazia mediada pelo exercício proposto, as crianças interagiam constantemente. Ao fazê-lo, compartilhavam opiniões e conhecimentos sobre o mundo que as rodeia e sobre elas mesmas, podendo construir suas visões de mundo particulares em linguagem própria, conforme podemos confirmar na mesma cena anterior:

BRINCAR NA EDUCAÇÃO INFANTIL

Observaram-se processos diferentes com relação à atividade:

Em um dos grupos, as meninas combinaram um jogo de ir colorindo, todas ao mesmo tempo, as mesmas partes do desenho, só que cada uma utilizava uma cor de lápis diferente. Mesmo que uma delas acabasse o trabalho antes que a outra, aguardava a colega para continuar a tarefa, transformada por elas num jogo de colorir, quando a interação colocava desafios de observação, seriação e autocontrole para cada uma.

Em outra mesa de meninos, observava-se a mesma brincadeira, só que estes iniciaram por outra parte do cachorrinho.

Nos outros grupos, as crianças coloriam livremente, bastante mobilizadas pela atividade. Após dez minutos do início da tarefa, a professora interrompeu a todos, solicitando que a terminassem logo pois dariam início à segunda parte do exercício.

Profa.: Vamos acabando logo! Será que quem não terminou ainda o exercício é porque conversou muito? (*Diário de Campo*, 24/6/1987)

Essa cena escolar, repetida diariamente de maneiras diversas, evidencia a forma contraditória pela qual são construídas cotidianamente as relações interpessoais e os conhecimentos na pré-escola.

Por um lado, aproveitando as propostas da professora, as crianças utilizavam o tempo escolar na construção de conhecimentos que não estão dados como objetivo da escola, utilizando-se, para isso, basicamente, de interações verbais curtas, seguidas, frequentemente, de jogos de imitação, de seriação, de colorir, e de tantos outros que serão analisados com mais profundidade em outro capítulo.

Por outro lado, reitera-se, mais uma vez, que o manejo do tempo, como elemento estruturante da situação escolar, é controlado pela professora, seja através dos prazos definidos para cada atividade, seja pela linguagem utilizada por ela. As frases curtas e imperativas expressas pela mestra excluem qualquer possibilidade de discordância ou de negociação por parte das crianças, no que se refere ao uso do tempo escolar. Essa ruptura é possível somente nas interações e jogos que estas estabelecem entre si e que aparecem para a professora como "muita conversa" que atrasa o trabalho.

Constatou-se, ainda, a importância da linguagem oral como instrumento de controle por parte da professora: os diálogos que ela estabelecia com as crianças definiam a fala destas *a priori*, da seguinte maneira:

- A professora utilizava-se frequentemente da primeira pessoa do singular e do imperativo para orientar as atividades das crianças, generalizando um desejo que é seu, como se fosse de todos.

- A professora usava o corte das palavras, iniciando-as para que as crianças completassem, como se sua fala representasse o pensamento de todos.

- Foram utilizadas a silabação e repetição coletiva das palavras como se a fala fosse construída nos moldes da gramática normativa, transformando a enunciação em exercícios fonéticos, eliminando a expressão fluente e individual.

Constatei, ainda, que, sem as pistas dadas pela professora, as crianças demonstravam insegurança em falar para o grupo todo, ficando em silêncio, sem tomar a iniciativa da palavra e sem autonomia do adulto.

Nesses momentos, as crianças sabiam ou intuíam que a linguagem oral, como o tempo na escola, deve ser utilizada de uma maneira preestabelecida; elas deviam saber, de alguma forma, que a aceitação no interior da escola depende de que saibam seguir as pistas dadas pelo professor e aplicar as regras implícitas que regem a formulação de frases aceitáveis.

Dessa forma, intuem que serão aceitas como "bons alunos" na escola, mesmo que isso não venha a significar melhoria no processo real de aprendizagem do conteúdo acadêmico. Por isso, segundo a pesquisadora francesa Lurçat "repetir em eco as palavras da monitora torna-se um modo de reação" (1982, p. 166).

Com relação à atividade em si, ficou evidente o objetivo da professora em fazer cumprir determinada orientação em um prazo de tempo definido. A eficiência e rapidez das respostas dos alunos, assim como o comportamento adequado ante às orientações dadas, acabavam, de fato, sendo priorizados diante das possibilidades cognitivas e interativas deflagradas pelo exercício proposto.

O silêncio, a organização infantil na utilização do material e o cumprimento dos prazos colocados pela professora transformavam o conteúdo do exercício em simples pretexto. Se, por si só, sua concepção apenas reiterava conhecimentos já sabidos pelas crianças, as interações ocorridas entre elas provocavam dúvidas e pesquisas que passavam despercebidas pela professora.

Veremos essa questão com maior profundidade mais adiante.

Após o período das atividades dirigidas, a professora procedia às orientações para que as crianças guardassem o material e pudessem iniciar a merenda.

Apesar de a escola fornecer alimentação a todas as crianças, há um período reservado na rotina da classe para que comam o lanche trazido de casa. Segundo observei durante o período que frequentei a escola, esse momento — dentro da sala de aula — podia ocorrer antes ou após o recreio, quando era distribuída a merenda escolar. A decisão com relação à utilização do tempo para o lanche era da professora e dependia do tipo de material empregado nas atividades dirigidas: após trabalhos de colagem, por exemplo, a atividade do lanche podia ser postergada para não causar muita "confusão" na organização da aula, segundo nos colocou a professora.

Em geral, o lanche ocorre circunscrito a um mesmo ritual de organização, precedido de uma canção que enobrece a importância dos alimentos para o crescimento das crianças, seguida de uma oração de agradecimento a Deus.

Após esse período, que levava mais ou menos quinze minutos, as crianças esperavam a distribuição de um guardanapo de papel por um ajudante escolhido pela professora e a ordem desta para abrirem suas lancheiras, todas ao mesmo tempo.

O lanche transcorria tranquilo durante um período de quinze a vinte minutos, aproximadamente. Observei bastante interação entre as crianças, que conversavam sobre a origem e os sabores dos alimentos trazidos, geralmente biscoitos, bolos e salgadinhos. Havia uma intensa cooperação entre as crianças, que trocavam os lanches entre si e brincavam com os alimentos como se fossem "aviões", "carrinhos", "casinhas" etc., utilizando-os como objetos simbólicos nesse período de distensão pedagógica.

Questionada a respeito da duplicação dessa atividade de alimentação das crianças, já que após esse período elas saíam para a merenda escolar distribuída na cozinha, a professora justificou-a como sendo uma reivindicação das famílias. Segundo ela, as crianças não gostavam da merenda e, ao mesmo tempo, preferiam trazer a lancheira de casa, pois "é assim que se faz em todas as pré-escolas".

Há aí uma contradição evidente entre o discurso da professora e o que de fato ocorre no dia a dia escolar. Durante o período da pesquisa, pude observar que as crianças, após tomarem o lanche trazido de casa, comiam novamente a merenda, em geral composta de pudins, leite com chocolate, bananas, biscoitos ou doces lácteos. Em nenhum momento observou-se que as crianças não tivessem gostado ou negado a merenda, seja pelo seu aspecto exterior — vinha sempre dentro de canecas de plástico —, seja pelo seu sabor.

Por que, então, trazer lanche de casa, se a escola — que é pública — fornecia alimentação aos seus alunos?

Parece explicitar-se nessa ação ambígua da professora, e portanto da escola, uma visão de que é um dever da família suprir as necessidades alimentares de seus filhos. A ideia de que o Estado cumpre esse papel através da distribuição da merenda parece estar condicionada a uma ideia assistencialista, de "esmola", de "auxílio". Agrega-se uma concepção da família de que tudo que é dado deve supostamente ser de má qualidade e, portanto, substituído por produtos individuais, de origem privada. Soma-se, a isto, o modelo da escola particular que define o *status* das crianças através do consumo de produtos industrializados, que atingem desde o modelo mais atual de lancheiras até o tipo de alimentação a ser levada e consumida.

No pátio, após o lanche, as crianças dirigiam-se inicialmente em fila para a cozinha. Próximas ao local, completavam sua alimentação em pequenos grupos, geralmente discriminados por sexo. Era nesses grupos, também, que os alunos organizavam rápidos jogos, principalmente longe dos olhos da professora.

Após um breve período de cinco a dez minutos, a professora dispunha novamente as crianças em fila, quando estas se dirigiam ao pátio central para brincar com os alunos da outra classe de pré. Durante esse tempo, que variava de 20 a 30 minutos, a professora fazia seu lanche na cantina da escola, de onde podia controlar, com o olhar, as atividades do grupo.

Enquanto as crianças brincavam, a professora observava-as de longe e, vez por outra, dissipava grupos de garotos que, segundo ela, estavam fazendo muito barulho ou desenvolvendo brincadeiras muito agressivas. No entanto, se observasse com detalhes a atividade infantil nesse período, constataria a diversidade de temas utilizados por esses garotos em jogos de pegador. Ora alguns grupos brincavam de polícia e ladrão, correndo bastante pelo parque uns atrás dos outros, ora assumindo papéis de super-heróis, ora de outros personagens extraídos da televisão. Dessa forma, durante o recreio, em um período de distensão pedagógica, observei uma interação afetiva e corporal entre eles, em uma atitude típica de apropriação infantil do espaço escolar.

As meninas organizavam-se também em pequenos grupos, sendo que suas brincadeiras eram mais verbais e menos corporais. Em vários cantos do pátio pude observá-las acariciando-se, penteando umas às outras ou imitando interações de mãe e filha em brincadeiras tímidas de casinha. Em outros momentos, em duplas ou em trios, cantavam quadrinhas populares ou repetiam textos de propaganda de produtos e alimentos infantis, estabelecendo um jogo verbal com gestos compostos com as mãos.

Dentre vários desses jogos, pude registrar algumas quadrinhas tradicionais e populares como "Atirei o pau no gato", "A loja do mestre André" e várias outras.

Através destes jogos tradicionais, de transmissão oral e organização coletiva, baseados em rimas e temas da vida cotidiana, as meninas criavam regras de linguagem e de movimentos articulados com as mãos de que tentavam apropriar-se através da brincadeira. Exercitavam dessa forma normas gramaticais de estruturação da linguagem oral, utilizando-se, para isso, de um recurso lúdico que compartilhavam entre si, de uma forma independente do adulto. À medida que as crianças iam brincando e procurando adaptar ao canto os movimentos corporais umas das outras, as regras foram sendo experimentadas, testadas e exercitadas no processo da brincadeira. Ao mesmo tempo, demonstravam e exercitavam explorações corporais e afetivas entre elas, quando dançavam ou se beijavam.

Da observação das brincadeiras das meninas e meninos no pátio, mais uma vez se pode constatar a diferenciação de atitudes da professora ante os dois sexos: para os meninos, pedia silêncio, controle da agitação e dos movimentos bruscos, enquanto às meninas dirigia elogios pela calma e quietude na organização das brincadeiras.

Em contrapartida, se as brincadeiras das meninas revelavam um autocontrole esperado socialmente, os movimentos dos meninos, em seus jogos de correr-esconder-pegar, foram constantemente reprimidos.

A postura da professora ante as brincadeiras infantis, nesse caso, não apenas reitera os comportamentos esperados socialmente na utilização dessas ações como preparação para a vida adulta, como impede que esses mesmos jogos apresentados pelas crianças sejam intercambiados, enriquecidos e transformados em instrumentos de construção de conhecimentos por elas mesmas. Na medida em que não participava das ações das crianças, abstendo-se de uma intervenção pedagógica enriquecedora, apenas reiterava a forma ritualística, repetitiva e obsessiva como as brincadeiras são vividas pelas crianças.

A volta do pátio à classe propunha às crianças mais um período de exercícios gráficos ou, dependendo do programa da professora, o desenvolvimento de uma atividade com blocos de encaixe ou de construção. A definição dos conteúdos escolares a serem desenvolvidos nesse período era dada mais uma vez pela professora, e dependia do grau de excitabilidade das crianças ou disposição da mestra.

Findas as atividades, as crianças agradeciam a Deus pelo dia passado na escola, perfilavam-se na porta e, juntas com a professora, dirigiam-se ao portão para ganhar, novamente, as ruas, junto aos seus familiares.

Capítulo 5

As atividades desenvolvidas

Apesar do abandono a que é relegado pelas diretrizes e orientações oficiais, o projeto pedagógico que permeia as atividades da sala de aula investigada é marcado pela ideia de antecipação e preparo para o 1º grau, como forma de evitar o fracasso escolar nas primeiras séries. A concepção compensatória de ensino e aprendizagem marca o ideário da professora que, no cotidiano escolar, prioriza as atividades dirigidas e gráficas como conteúdo do seu trabalho. Essas atividades são, geralmente, exercícios gráficos e motores, de treino de habilidades linguísticas ou de repetição de regras e comportamentos que definem hábitos e atitudes.

É, principalmente, no interior da sala de aula, através de exercícios gráficos de cópia e repetição de movimentos manuais e de observação visual, que a professora orienta seus alunos para a compreensão e memorização das noções básicas de aprendizagem.

O período de recreio, em oposição ao horário de trabalho em sala de aula, é representado pela mestra como o momento em que as crianças podem "gastar suas energias", demonstrando uma concepção inatista e biológica de brincadeira. Ao mesmo tempo, fica evidente a dicotomia criada entre brincar e trabalho, sendo que este último aparece como o treino de determinadas habilidades para o futuro (escolaridade básica), em uma dimensão de eficácia e produtividade. O conceito de brincar, em oposição a essa atividade séria, parece originar-se nas teorias do excesso de energias de Schiller e Spencer, que aproxima a criança de sua natureza como forma de equilibração orgânica. De um lado, as atividades dirigidas, vinculadas a um conteúdo escolar definido socialmente, que deve ser transmitido ao aluno, de outro, as atividades livres, recreativas, quando as crianças podem brincar para suprirem necessidades biológicas.

É importante ressaltar que a prática da professora, no entanto, apresenta contradições, não se constituindo em bloco monolítico. O que se vai tentar aqui é identificar alguns aspectos que marcam seu projeto pedagógico, e da instituição investigada, o que não significa que outras concepções e propostas não estejam presentes no dia a dia escolar, ainda que de forma latente e potencial, aparecendo ora através das ações e produções das crianças, ora na fala da professora. Concordo com Lurçat (1982) quando, ao analisar as instituições educacionais para a criança francesa, afirmou que, entre os programas oficiais, as concepções das inspetoras e das diretoras, e as práticas das educadoras, existem tais variações que não se pode deduzir do programa aquilo que se passa nas aulas. Da mesma forma, entre o projeto da professora pesquisada, aquilo que ela objetiva a longo ou a curto prazo e os acontecimentos cotidianos da classe existem igualmente variações.

Considerando-se os objetivos desse trabalho, analisarei as atividades pedagógicas segundo o seguinte critério: aquelas que são orientadas basicamente pela professora e aquelas onde há uma possibilidade de iniciativa infantil.

Analisarei, também, como item destacado, as produções das crianças, discriminando aquelas que são resultados de propostas dirigidas e aquelas que foram elaboradas livremente por elas.

Levando em conta que, durante o tempo da investigação, constatei uma repetição rotineira e ritualizada das atividades priorizadas pela docente, selecionei aquelas que me pareceram significativas para a reflexão a que se propõe esse trabalho. Evidentemente, os exercícios variavam durante os dias escolares. No entanto, o conteúdo básico trabalhado com as crianças foi sempre o mesmo: noções de tamanho, forma, cor; relações espaciais transformadas em noções de em cima, embaixo, do lado, na frente, atrás; motricidade fina e exercícios motores preparativos para a grafia de números e letras; seriação, agrupamento e classificação de objetos. Segundo me disse a professora, "os exercícios são sempre os mesmos, só mudam os desenhos!" Diante da mesmice encontrada, busquei relatar as situações que pudessem, por um lado, diagnosticar o cotidiano esco-

A orientação pedagógica

A proposta antecipatória a uma determinada concepção de aprendizagem de leitura e escrita apareceu nos exercícios mimeografados ou nas orientações dadas, diariamente, nos dois períodos de atividades dirigidas pela mestra. Conforme pode ser constatado nos exemplos a seguir, as crianças defrontavam-se com tarefas cuja finalidade não percebiam e cujo medo de fracassar produzia uma reação mecânica nelas.

Em um dos exemplos observados, ficou evidente a ruptura entre o que foi proposto pela professora, a compreensão das crianças e a reação que constroem para defender-se da incompreensão, como relatado a seguir:

> Após solicitar que as crianças escrevessem seus nomes, como soubessem, no canto de uma folha de sulfite, a professora pediu que a dobrassem em quatro partes e disse: Vamos olhar aqui! Quem tem um bebê em casa?
> Várias crianças levantaram a mão, apresentando-se afirmativamente e começando a contar casos de seus irmãos, parentes e vizinhos.

No entanto, a pergunta da professora era apenas um pretexto para que as crianças fizessem o exercício discriminado a seguir.

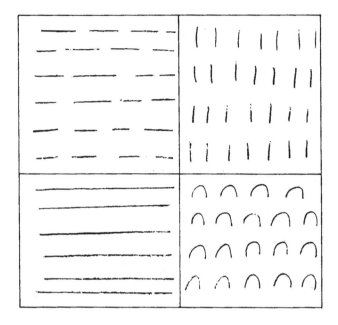

E a professora continuou, desconsiderando a agitação das crianças com relação ao tema de conversa sugerido:

Profa.: E como o bebê começou a andar?
Crs. (em uníssono): De gatinhos.
Profa.: Pois bem, crianças! Ele começa devagarinho, engatinha, para, olha dos lados...
Vamos então fazer de conta que nós temos um bebê e ele vai começar a engatinhar... Vamos fazer de conta que temos um bebê e nesse canto da página vamos fazer o nosso bebê engatinhar. En-ga-ti-nhar!

Ao contar a história, a professora ia apontando na lousa a parte da página na qual o exercício deveria ser feito com o lápis.

BRINCAR NA EDUCAÇÃO INFANTIL

E assim sucessivamente, a professora aguardava o treino-motor das crianças, executado mecanicamente, em clima de silêncio absoluto.

Pediu às crianças que fizessem o bebê em pé, depois disse que ele deveria caminhar um caminho longo, até aprender a saltar, sugerindo que a evolução do suposto bebê imaginário pudesse guardar uma analogia com os movimentos que as crianças deveriam repetir com o lápis no papel.

Enquanto as crianças trabalhavam, a professora preparava as toalhas de papel para o lanche que se aproximava. Uma criança chamou-me pedindo ajuda e demonstrou total incompreensão da proposta; as outras foram acabando e entregando o trabalho para a professora.

Ao final, a professora chamou-me para mostrar um trabalho de aparência limpa, executado corretamente, e disse:

Profa.: Tem horas que compensa nosso trabalho, né, mexe com a gente. (*Diário de Campo*, 24/6/1987)

Depreende-se, da atividade relatada, a intenção da professora, ainda que não seja transparente para os alunos, em treinar alguns requisitos considerados básicos em uma perspectiva de alfabetização. As questões da linearidade, da lateralidade e da segmentação da escrita aparecem como exercícios motores gráficos, desconstituídos de sentido social. Acresce-se a isso uma prática pedagógica que considera que um determinado tipo de brincar faz parte da natureza infantil, como se as ordens, exercícios e atividades propostas só tivessem eficácia se apresentadas do (suposto) ponto de vista do faz de conta da criança.

Essa representação de brincadeira apresentada no exercício pela docente pode ser classificada como sedução, como bem sugeriu o professor Brougère. Segundo o autor, nos encontramos frente a uma brincadeira que, sujeita a conteúdos definidos socialmente, não é mais brincadeira; transformou-se em uma atividade controlada pela mestra que se utiliza da sedução para manter os alunos interessados em sua proposta.

Inicialmente, as crianças animaram-se em responder à pergunta "Quem tem um bebê em casa?", demonstrando necessidade em falar de sua realidade na situação escolar. No entanto, elas silenciaram após o início dos trabalhos. Pode-se inferir que a resposta das crianças constituiu-se em mais uma reação ao trabalho escolar ao qual estão sujeitas do que em respostas verdadeiras a um processo de construção significativa de conhecimentos.

Com relação ao caráter "lúdico" que apareceu na atividade relatada, ele impregnou as atividades curriculares de forma alienante, buscando, na ilusão da realidade, falseá-la para, como instrumento didático, obter resultados conforme os objetivos definidos pela professora. Essa concepção de ensino, segundo a pedagoga russa Usova

> [...] fundamenta-se em uma das leis da atividade lúdica que a criança desenvolve no seguinte sentido: no seu esforço por penetrar na situação representada e atuar segundo determinados motivos ditados pela própria situação da brincadeira. Utilizando essa premissa, a Pedagogia concebeu materiais que se fundamentavam em ações e situações de jogo, mas tanto em um sentido como

BRINCAR NA EDUCAÇÃO INFANTIL

em outro introduziu tarefas didáticas. Nos jogos didáticos, dessa natureza, a criança aprende a falar, a cantar etc., condicionada aos objetivos colocados. A criança aprende, brincando, a aplicar os conhecimentos adquiridos na brincadeira de forma involuntária e inadvertida. O objetivo didático fica oculto frente à criança... a criança simplesmente brinca, mas no fundo, esse é um processo de aprendizagem involuntário e imperceptível. (1979, p. 12)

O problema que se coloca com relação a esse tipo de encaminhamento pedagógico e de utilização da brincadeira infantil é o do grau de aprendizagem real que resulta para as crianças. Ele aparece como a fragmentação entre o objetivo proposto (treino de determinadas habilidades para a escrita) e a ação executada (treino de habilidades de um suposto bebê), oculta por uma história sem sentido social para quem os executa. Dessa forma, como garantir o aprendizado enquanto apropriação e compreensão estável para as crianças?

Evidenciou-se, ainda, na proposição feita pela docente e na execução desses exercícios já conhecidos pelas crianças — segundo a própria professora nos relatou, "eles são sempre os mesmos, só mudam os desenhos. As ideias eu trago da prefeitura, uso também exercícios que sobram de lá" —, a reiteração de conteúdos desprovidos de desafios cognitivos para as crianças. Notou-se, pela fala da mestra, que, na maioria das vezes, apesar de não necessariamente consciente do fato, ela se relacionava com as crianças como se fossem uma abstração, uma idealização, para quem se pode propor exercícios genéricos, não importando os conhecimentos prévios que possuíam, fossem estes construídos no grupo que frequentavam na escola, originários das comunidades sociais às quais pertenciam. Essa representação genérica que a professora possuía das crianças permitiu-lhe, portanto, trazer as "sobras" dos exercícios da prefeitura para estes seus alunos, na medida em que o que está em jogo é atingir as metas (invisíveis) dadas pelos exercícios e não o seu contrário. Ou seja, as necessidades reais de aquisição de conhecimentos pelas crianças não definem os conteúdos dos exercícios; estes últimos é que agem como bloqueio a uma possível busca de conhecimento pelas crianças.

Observei, também, a reiteração de um trabalho baseado em pré-requisitos para a aprendizagem da leitura e da escrita. Todas as atividades foram oferecidas pela professora e executadas pelos alunos nos mesmos moldes já descritos anteriormente: a professora apresentava o material na lousa, enquanto as folhas eram distribuídas pela classe por alunos que ela selecionava; havia uma orientação única que era dada oralmente, cuja resposta as crianças iam dando em uníssono a partir das pistas sugeridas; após o entendimento da tarefa, todos a executavam rapidamente, demonstrando um conhecimento de sua estrutura.

Em geral, sem o fornecimento de pistas pela professora, a execução do trabalho pelas crianças tornava-se difícil, seja pela forma de explicitação do enunciado, que aparece manuscrito, quando as crianças ainda não sabem ler, seja pela sua elaboração, pois o exercício não estava claro.

Com base nos exemplos registrados e em tantos outros observados, pude confirmar as hipóteses iniciais deste tra-

BRINCAR NA EDUCAÇÃO INFANTIL

balho, referentes ao uso distorcido dos jogos didáticos originados no material pedagógico criado no início do século XX por Ovide Decroly. Nesse período, os jogos didáticos e educativos surgiam como resposta às necessidades educacionais, como uma maneira eficaz de desenvolver na criança o espírito de observação e de iniciativa para o trabalho utilitário cujo resultado pudesse ser imediato (Vial, 1981).

Considerando-se as representações da docente a respeito da brincadeira e de aprendizagem, as ideias desse pedagogo vinham ao encontro de seus objetivos, ainda que ela não tivesse consciência disso. No entanto, o material utilizado pela mestra não cumpriu suas funções, basicamente, por duas razões: em primeiro lugar, não levou em conta o ritmo progressivo sugerido pelo autor e enriquecido por tarefas diferenciadas; em segundo estava pouco claro e foi usado indiscriminadamente, sem uma ligação com os interesses das crianças. Em contrapartida, levando-se em conta a inserção social da infância no início do século XX, é hoje preciso considerar as diferenças de estímulo cultural às quais nossas crianças estão expostas, seja através dos meios de comunicação de massa, seja por intermédio da própria organização da sociedade. Consequentemente, a riqueza visual com a qual se confrontam, diariamente, os alunos, através da televisão, dos *outdoors*, das revistas em quadrinhos e de outros recursos gráficos, transforma os exercícios propostos em atividades com pouco sentido social e cognitivo e relativamente sem atrativos.

Assim, elaboradas a partir do material decrolyano, as folhas mimeografadas são corruptelas de seus originais, cuja distância destes e a descontextualização ante a época atual não trazem desafios às crianças, que as preenchem com gestos mecânicos e involuntários.

Se as atividades descritas anteriormente incidiam, principalmente, nas noções básicas, e na concepção da professora para o preparo para a leitura e a escrita, analisarei, a seguir, duas situações que exemplificam o trabalho com relação à área de matemática. Em uma das sessões em que a professora seguia o mesmo ritual de apresentação da tarefa, pudemos observar a seguinte atividade com números:

Profa.: Elza, Cíntia e Fabiana! Eu quero que as mocinhas levem seus estojos para aquela mesinha; a Vânia, a Katia e a Fabiana, também.

Após obedecerem à ordem dada, as meninas voltaram aos seus lugares, a professora prosseguia:

Profa.: O que são, crianças?

Crs.: Es-to-jo!

Profa.: Então, vamos contar, todos juntos: 1..., 2..., 3..., 4..., 5..., 6!

Aqui, nessa mesinha, nós temos um conjunto com 6 elementos. Quais são os elementos? São flores?

Crs.: Não!

Profa.: São bolas?

Crs.: Não!

Profa.: São es-to-jos, não é? Agora, *eu quero* que vocês formem, na outra mesa, um conjunto de 6 elementos com as caixas de lápis de cor. Quem pode fazê-lo?

Uma criança levantou a mão, pedindo para executar a tarefa. Diante da resposta afirmativa da docente, várias crianças levaram suas caixas de lápis, somando 10 ao final.

Após um rápido burburinho criado pelas crianças, a professora voltou a dirigir-se à classe:

Profa.: A professora pediu que se fizesse um conjunto de 6 elementos! Aqui há 10 caixas, vamos contar novamente? A classe, em uníssono, procedeu à contagem; ao chegar ao número 10, a professora pediu a alguns alunos que recolhessem seu material, afirmando: "Hoje nós só vamos trabalhar com o numeral 6, tá?" Após essa etapa, a docente chamou algumas crianças ao quadro para que desenhassem conjuntos de 6 elementos. Durante o procedimento individual das crianças na lousa, o restante da classe manteve-se em silêncio. Uma das meninas desenhou um grupo de 6 florezinhas e, no final, a docente pediu-lhe que o contornasse com um traçado circular. O mesmo aconteceu com o garoto que foi à lousa desenhar um agrupamento de 6 árvores. Após ensinar às crianças a grafia do numeral 6, conforme indicavam as flechinhas, a professora pediu à classe que iniciasse os trabalhos.

Profa.: Agora, cada um vai pensar no conjuntinho que gostaria de formar. Cada um vai fazer um conjuntinho de 6 elementos. Numa das partes da folha, vamos escrever o numeral 6 e do outro lado vamos desenhar o conjunto. Pode ser o que quiser! Casinha, flor, sol, laranjinha, o que quiser!

Mesmo a professora tendo afirmado que as crianças podiam desenhar o que quisessem, constatou-se, nos desenhos, as mesmas casinhas, sol, árvores e florzinhas.

Pôde-se observar que, conversando muito entre si, as crianças ajudavam-se na atividade.

Edvaldo, após escrever o numeral 6 numa das partes da folha, tentou iniciar um desenho e rabiscou-o. Disse que havia errado e repetiu várias vezes o mesmo movimento de jogar a cabeça para trás, envergonhado. Depois auxiliou João Paulo, contando os sóis que este havia desenhado. Demonstrando cansaço em relação à tarefa, iniciou o desenho de um carrinho. Edvaldo narrava, em voz alta, enquanto desenhava: "aqui a buzina! Aqui a luz!" João Paulo perguntou à Edvaldo: "E como você vai fazer depois?" (Referia-se ao uso da folha por um desenho cujo tamanho não permitia o preenchimento de um conjunto.) Edvaldo: Eu faço embaixo... um carrinho pequenininho!

Durante o diálogo dos meninos, a professora aproximou-se, interferindo:

Profa.: Edvaldo, vamos continuar o trabalho?

Edvaldo: Posso fazer embaixo?

Profa.: Onde você quiser!

Após o distanciamento da mestra, Edvaldo dirigiu-se a João Paulo, confirmando sua afirmação anterior.

Enquanto a professora passava de mesa em mesa para vistar os trabalhos, Edvaldo continuava colorindo seu carrinho. No final, cumpriu a tarefa, desenhando vários carrinhos no limite da folha.

Ao terminarem a tarefa, as crianças entregaram as folhas para a mestra que, imediatamente, lhes entregou outro sulfite para que procedessem à cópia do numeral.

As atividades prosseguiram no mesmo ritmo, parando apenas para o lanche. Após esse período, a docente retornou com os alunos, recolhendo as folhas-tarefas, distribuindo em seguida mais um sulfite, cola e um punhado de folhas de revista cortadas em forma de quadrados e círculos, 6 de cada tipo, perfazendo um total de 12 papeizinhos, a serem colados agrupadamente e separadamente em duas partes opostas da folha. (*Diário de campo*, 19/8/1987)

Atendo-me apenas aos fatos que são relevantes para esse livro, não discutirei a concepção e a forma como o conceito de número era trabalhado junto aos alunos. Cabe ressaltar, no entanto, que, segundo estudos nessa área (Kamii, 1984), essa forma de trabalho serve apenas para que as crianças exercitem a memória para a contagem, leitura e escrita de numerais, não garantindo nenhuma construção mental que a criança possa estruturar sobre o conceito de número.

Na sessão ora relatada, o que me parece importante analisar é a inexistência de situações propiciadas pela professora para que as crianças construíssem o conhecimento a respeito, por exemplo, do conceito de número. Observou-se, na tentativa tímida de Edvaldo, ao desenhar um carrinho, um início de representação e jogo com este, onde a fala e a grafia se complementavam na elaboração do objetivo da tarefa. A conversa que este menino estabelecia com João Paulo, sobre a possibilidade ou não de o seu carrinho poder agregar-se a um conjunto, demonstrava a forma como as crianças questionam-se umas às outras, tentando estabelecer relações entre os objetos e entre estes e suas ações, construindo assim conhecimentos. Caso a professora estivesse atenta a esses jogos das crianças, sua interferência poderia vir na direção de auxiliá-los a construir o conceito de número estável como estrutura mental.

Um pouco antes da atividade descrita, esses dois meninos, juntamente com mais um colega, realizaram um jogo de construção com suas caixas de lápis. Com muita ajuda mútua, um deles segurava, na posição vertical, duas caixinhas, pedindo que o outro completasse, na mesma posição, o semiquadrado formado. Por último, o terceiro garoto cobriu o espaço com sua caixa de lápis, dizendo, ao final: "Olha! Uma casinha!"

Nos exemplos citados, é importante ressaltar que, em ambos os casos, as crianças criaram situações imaginárias onde tentavam compreender, seja um objeto (no caso do desenho do carro), sejam as relações espaciais (no caso da casinha construída com caixinhas), enquanto tentavam brincar.

Rapidamente, em um curto espaço de tempo, enquanto a professora não lhes prestava atenção, os alunos, ao confrontarem-se com objetos cuja significação social lhes colocava desafios cognitivos, agiram sobre eles, na tentativa de compreendê-los. Isso ocorreu com as crianças pois, segundo o psicólogo russo Leontiev,

> uma situação de brinquedo imaginária surge como resultado dos objetos e isto significa as operações com esses objetos, sendo parte das ações normalmente executadas em diferentes condições objetivas e em relação com outros objetos... a ruptura entre o sentido e o significado de um objeto no brinquedo não é dada antecipadamente, como um pré-requisito da brincadeira, mas surge realmente no próprio processo de brincar. Isto é demonstrado pelo fato indubitável, experimentalmente estabelecido,

de que uma criança não imagina uma situação de brinquedo quando ela não está brincando. (1988, p. 128)

A possibilidade de criarem situações imaginárias, através de um sistema de metacomunicação entre os pares (Brougère, 1990), cujos gestos significativos comunicam e indicam os significados usados para brincar, como foi o caso da casinha feita com caixinha, ou quando desenhavam objetos, criando-lhes uma história, no caso do carrinho, poderia ser considerada, como afirmou Vigotsky (1984), como um meio para desenvolver o pensamento abstrato.

No entanto, o que se constatou nessas atividades foi que a escola, através das ações da docente, não garante tempo nem espaço para que isso aconteça. Ao contrário, restringe as ações imaginativas e criativas dos alunos, dando-lhes sentido apenas quando respondem aos seus objetivos didáticos.

Nessa perspectiva ainda, reiteraram-se as concepções de brincar da mestra durante um trabalho desenvolvido com blocos de construção, cujas peças imitam torres, telhados, sinos, relógios, paredes etc., que passarei a relatar.

Um dia, após o lanche, por sugestão minha, a professora decidiu possibilitar uma atividade com brinquedos — e, talvez, por imaginar meu interesse em constatar de que forma ela, docente, se utilizava desses objetos para trabalhar determinadas noções de aprendizagem, disse aos alunos:

Profa.: Crianças, hoje nós vamos trabalhar de forma diferente!

Enquanto distribuía as peças pelas mesas, no mesmo sistema das outras sessões, pediu às crianças que as nomeassem.

Profa.: Eu vou colocar os joguinhos aí e vocês vão juntar as pecinhas e agrupar por cores.

Enquanto isso, em uma das mesas, dois meninos conversavam entre si.

João Paulo: Vamos fazer um castelo?

Renato: É, a toca dos gatos!

Esses meninos encontraram uma maneira de obedecer à professora, cumprindo a tarefa, e, simultaneamente, brincar sem serem molestados. Eles encontraram a seguinte solução para a situação:

João Paulo separou os telhados; depois, João Paulo e Renato, juntos, separaram e agruparam as janelinhas.

Renato: Vamos juntar todos os vermelhos? Tudo vermelho!

João Paulo: Ih! Agora vamos juntar dessas! Relógios! Eu ajunto!

Renato: O vermelho é de nós dois, tá?

Renato juntou as peças azuis, João Paulo tirou-as de sua mão e logo em seguida as devolveu.

João Paulo: Ah! Isso aqui não é azul! O meu é vermelho escuro!

João Paulo separou as pontes. Sem dizer nada, enfileirou as pontes que alinhou junto às janelas vermelhas, retirando essas últimas em seguida, para juntá-las às janelinhas amarelas. Renato juntou os telhadinhos.

A docente aproximou-se do par e disse que, ao término da atividade, cada criança ia contar-lhe o que fez: se juntou porta, janelinha...

João Paulo: Assim, tia?

A professora fez um gesto afirmativo com a cabeça e distanciou-se. Os garotos continuaram a trabalhar; ao final agruparam todas as peças, alinhando-as, de maneira a formar um quadrado vazado.

Sem dizer nada um ao outro, separaram uma peça pequena, triangular, de cor verde, que fizeram percorrer pelos espaços como se fosse um carrinho. Enquanto um deles percorria o "carrinho" pelo quadrado, o outro deslocava uma ou outra peça, como se fosse uma porta, para que o carrinho-triângulo passasse.

João Paulo: Você fala por que demorou?

Renato: Por que demorou?

João Paulo: Porque eu saí!

Dessa forma, criaram uma linguagem cifrada que indicava que se abrisse passagem para que os "carrinhos" passassem sem que os agrupamentos de peças destinados à avaliação da professora se desmanchassem. (*Diário de campo*, 19/8/1987)

A cena relatada serve como exemplo de que as crianças possuem consciência de que ao apresentarem a tarefa pedida de maneira correta e eficaz, sobram-lhes tempo e espaço para a brincadeira de faz de conta.

Espaços de fuga

O material que analisarei a seguir, apesar de reiterar a mesma prática pedagógica rotinizada, ritualizada, repetitiva e cerceadora da criação infantil, que vimos nos capítulos anteriores, demonstra as necessidades de compreensão, controle e elaboração de conhecimentos sociais por parte das crianças que utilizavam a brincadeira como forma de ação na realidade. Devido a este fator, através de tímidas interações, os alunos puderam criar brincadeiras cujos temas e conteúdos têm origem no repertório televisivo e cultural com o qual têm contato diariamente em casa e na rua e que procuram compreender.

A brincadeira com blocos plásticos

Durante uma das sessões observadas, o cinegrafista da Faculdade de Educação da Universidade de São Paulo passou a tarde registrando a atividade da sala. Após o lanche, com a presença deste elemento novo e interessante para as crianças, a docente ordenou-lhes que sentassem em suas mesas e distribuiu-lhes blocos plásticos de encaixe, dizendo-lhes:

Profa.: Crianças, podem brincar como quiserem, daqui a pouquinho a professora vai mandar fazer uma coisa.

As crianças começaram a construir objetos com os blocos, sem esperar a orientação da mestra, que, após alguns minutos, pediu-lhes que agrupassem os objetos por cor.

Ao constatar que as crianças não lhe obedeceram, a professora deixou-as livres, dizendo que ao final cada aluno exporia o objeto construído em um local específico da sala. Em um dos grupos, as crianças demoraram a integrar-se, passando muito tempo a disputar, entre si, quantidades maiores de blocos para cada uma.

Em outro grupo, ao contrário, e demonstrando já possuírem um nível alto de organização para brincar, quatro meninos procederam à divisão dos blocos entre si. Para isso, estabeleceram relações biunívocas entre os brinquedos e cada um deles, para que a divisão não fosse injusta. O processo de distribuição dos blocos foi demorado, e as crianças, na sua maioria, demonstravam dificuldade em organizar-se para isso, com exceção do grupo citado anteriormente.

Os meninos iniciaram um processo de construção, pedindo mais objetos. Um deles, observando o tempo todo o cinegrafista, elaborou uma espécie de câmera e o imitou.

Nesse momento, faltaram peças para essa mesa e a professora atendeu ao pedido dos meninos, trazendo-lhes mais.

Profa.: *Eu quero ver* o que cada mesinha vai montar com esses brinquedos!

Fabiana: Vamos montar uma casa grande?

Fátima: Cada um faz o que quiser?

Ao dizer isso, negou a proposta da colega e reiterou o tipo de orientação da professora, que, durante todas as aulas, reafirmava o individualismo das crianças.

Fátima construía um carrinho, chamou a docente para mostrá-lo. A professora pediu-lhe então que o levasse a um local para exposição.

Profa.: Quem mais montou alguma coisa? O que você montou Eduardo?

Eduardo: Uma máquina fotográfica!

Profa.: Uma máquina fotográfica? Ótimo! Vamos ver quem mais vai fazer alguma coisa e vai pôr lá na mesa...

Um grupo de meninos que construía filmadoras e máquinas fotográficas trabalhava ajudando-se mutuamente.

Em uma das mesas algumas crianças trabalhavam sem vontade e ao acabarem seus objetos levaram-nos à mesa para apresentarem à professora, o que resultou em uma "cadeirinha", várias caixas, uma "rua com postes e pininhos encaixados", um "carrinho" e um "ônibus". Durante a apresentação, foi interessante o reconhecimento mútuo dos objetos pelas crianças, que se ajudavam no conserto de um ou outro cuja forma a professora alertou ser diferente (por exemplo, faltava um pé na "cadeirinha" e uma roda no "carro").

Em outra mesa, cujas crianças estavam desinteressadas no início, um dos meninos construiu uma espécie de avião e brincou com ele, imitando seus sons. Seu colega, que construía uma espécie de caixa, deixou de lado esse objeto e passou a interagir com o amigo, fazendo seu novo brinquedo "voar pelos ares da sala".

Quatro meninas desistiram da atividade e passaram a brincar com as mãos, articulando os movimentos a músicas variadas. (*Diário de Campo*, 23/11/1987)

Considerei, na sessão relatada, a ambiguidade da experiência vivida pelas crianças. Por um lado, elas conseguiram, graças aos objetos selecionados pela docente, escapar do didatismo cotidiano ao qual estão acostumadas a obedecer na escola. Por outro lado, o pouco tempo destinado à atividade e a exigência com relação aos produtos de suas ações não possibilitaram que se deixassem "arrebatar pela brincadeira" (Leontiev, 1988), tendo ficado presas ao significado dos objetos que haviam produzido. É importante frisar que as crianças não chegaram a desenvolver suas brincadeiras, basicamente pela interferência da docente, sendo que apenas iniciaram um processo de reconstrução de significados dos blocos.

É fundamental ressaltar que, para que a brincadeira pudesse, de fato, ter-se desenvolvido, como iniciaram os meninos com as "máquinas fotográficas" ou com os "aviões", seria preciso um clima propício para tal, como mais espaço para que pudessem movimentar-se e tempo para brincar.

Isto porque, segundo Leontiev, a relação particular entre o sentido e o significado do brinquedo não é dada antecipadamente nas condições de jogo, mas ela surge ao longo da brincadeira, quando as crianças se deixam arrebatar por um novo significado que é criado enquanto brincam. Por essa característica da brincadeira, portanto, é que não pudemos encontrá-la, como atividade dominante, na sala de aula.

Algumas ações das crianças confirmam as teses de Brougère (1989a) e de Elkonin (publicadas pela primeira vez em 1948), sobre a natureza social da brincadeira: a presença do cinegrafista em classe, com seus equipamentos e apetrechos de vídeo, chamou a atenção das crianças, que tentaram imitá-lo, recriando as câmeras com os blocos. No entanto, a impossibilidade que encontraram para brincar, interagindo entre si e reelaborando esse objeto sociocultural acessível, até o momento, apenas por intermédio da televisão e das vitrinas das lojas, deixou a essas crianças espaço apenas para imitar o objeto.

Em uma outra situação, no entanto, ficou claro o potencial da brincadeira como espaço de interação e construção de conhecimento pelos alunos na idade pré-escolar, quando a necessidade de pensarem sobre a filmagem foi explicitada por mim, conforme análise a seguir.

No desenho, me deixam brincar!

"Oba, a gente vai desenhar!"

Essa frase foi proferida por uma das crianças ao seu colega, ao receber da mestra uma folha em branco para que executasse uma tarefa. No entanto, imediatamente após dizê-la, teve de contentar-se com a grafia de números, cuja ordem foi dada verbalmente pela professora.

Se, espontaneamente, pude observar que a atividade de desenho gerava prazer aos alunos, em duas delas confirmei o seu significado de atividade representativa, espaço de reflexão e construção de conhecimento entre os pares. Em uma das sessões em que estive presente, foi possível interferir nas ações do grupo, sugerindo uma atividade de desenho, tendo em vista o objetivo de preparar as crianças para o contato com o cinegrafista que viria filmá-las.

Para tanto, contei-lhes que teriam a visita de um rapaz, de nome Sílvio, que viria filmá-las. No entanto, como o filme serviria para que eu entendesse o trabalho que faziam na escola, elas não poderiam ficar fazendo poses, exibindo-se etc.

Perguntei-lhes, então, quem já havia visto uma câmera de vídeo. Várias crianças responderam ao mesmo tempo, cada uma contando a origem e o lugar onde a tinham visto.

BRINCAR NA EDUCAÇÃO INFANTIL

Sugeri, então, que fizéssemos de conta que o Sílvio já havia chegado e que contássemos essa história, cada qual à sua maneira, por meio do desenho. Este argumento foi usado a fim de que as crianças se acostumassem à ideia da filmagem.

Diante da receptividade das crianças, forneci-lhes papel, deixando em uma mesa um monte à disposição para quem precisasse de mais.

É claro que a proposta foi sugerida intencionalmente, para que pudéssemos, de alguma maneira, avaliar as possibilidades das crianças em imaginarem uma situação e brincarem com ela. Como encontrei dificuldades em propor situações de brincar de fato, principalmente por parte da professora, atuei no espaço possível, qual seja, o desenho.

É importante ressaltar, ainda, que várias crianças não quiseram desenhar e que aquelas que o fizeram agiram de maneiras diversas. A interação entre elas foi fator decisivo na eliminação de resistências ou medo de desenhar, apresentadas por algumas crianças no início. Por outro lado, a interação era estimulada através da exibição, entre elas, dos desenhos que iam sendo feitos. Fomos conversando, observando os trabalhos e imaginando a situação de filmagem.

Saliento que, para algumas crianças, a observação dos trabalhos de seus colegas e a possibilidade de imitação destes resultaram em produções variadas e bastante ricas.

A situação criada por mim permitiu que os garotos imaginassem uma cena, cujos elementos, de alguma forma, constituem parte de seu acervo e repertório cultural. No processo de desenhar, conversando com os colegas e recontando a história à sua maneira, puderam ir repensando e reconstruindo os conhecimentos a respeito da situação que iriam vivenciar no dia seguinte, antecipando-a na situação de jogo.

Isso só aconteceu porque, como bem explicou Vigotsky, as crianças

> [...] em seus jogos, reproduzem muito do que veem, mas é sabido o papel fundamental que ocupa a imitação nas brincadeiras infantis. Estas são, com frequência, mero reflexo do que veem e ouvem dos maiores, mas tais elementos da experiência alheia não são nunca levados pelas crianças aos jogos como eram na realidade. Não se limitam a recordar experiências vividas, senão que as reelaboram criativamente, combinando-as entre si e edificando com elas novas realidades de acordo com seus desejos e necessidades. O afã que sentem em fantasiar é o reflexo de sua atividade imaginativa, como o que ocorre nos jogos. (1982, p. 12)

O fato de poderem conversar sobre as experiências já vividas — o conhecimento anterior que possuíam sobre filmagens e câmeras — e imaginar experiências futuras possibilitou que as crianças ampliassem sua forma de sentir e pensar o mundo no qual estão inseridas.

Podemos concluir que é fundamental ampliar as experiências das crianças se queremos proporcionarlhes base suficientemente sólida para sua atividade criadora. Quanto mais as crianças virem, ouvirem, sentirem e experimentarem, quanto mais aprenderem e assimilarem, quanto mais elementos reais tiverem em sua experiência, tanto mais produtiva e criativa será a atividade de sua imaginação.

O que ocorre na escola, no entanto, é o contrário do que foi dito: a riqueza da imaginação infantil sofre o obstáculo dos limites da professora e da situação na qual está inserida; quando ela retornou à classe e pôde ver os trabalhos dos seus alunos, conseguiu apenas dizer-me: "Não! Não acredito que eles fizeram isso! De onde será que eles conheciam a máquina?"

Diante da perplexidade da mestra, foram mostrados os três desenhos ilustrados a seguir e relatado a ela como foram feitos.

BRINCAR NA EDUCAÇÃO INFANTIL

Tentando sugerir à mestra a quantidade de conhecimentos que as crianças já possuíam, pois estavam pensando, à sua maneira, o mundo no qual viviam, contei-lhe a situação, por mim registrada, na qual elas produziram estes desenhos em sala:

No dia da avaliação você sugeriu que desenhassem algo bem bonito, colorido, para que colocassem na pasta. Diante da proposta de desenho livre, Renato, João Paulo e Wilson começaram, os três juntos, a desenhar um animal no centro da página:

Wilson: João Paulo, faz um gato guerreiro pequenininho pra mim... aqui... igual ao seu... eu errei o meu... mas não pinta! (Lembraram da história do He-man[1] e conversaram sobre o que cada personagem sabe fazer.)

Renato: João Paulo, faz um esqueleto pra mim?

Os três cantaram a música do He-man, compararam seus desenhos. Um explicou ao outro como desenhou, misturando a avaliação dos trabalhos com a fala dos personagens que iam criando e recriando no desenho.

Wilson: Adivinhe o que eu tô fazendo agora? Agora eu tô fazendo o braça! Você falou que eu não sabia fazer... João Paulo, faz um esqueleto pra mim?

João Paulo: Ah! Não vai dar!

Wilson: Que peninha! De galinha! (Nesse enunciado, Wilson fez uma referência à linguagem da televisão.)

Wilson cantou.

João Paulo: Aí, ó! Ó a estrela aqui!

Wilson: Você sabe fazer a estrela certinho!

---

1. He-Man era um super-herói em voga no meio infantil, à época da pesquisa.

Renato: Ó, a cachoeira...

João Paulo: Onde?

Renato: Aqui ó! Tem cachoeira ali sim!

Você interrompeu a atividade para pedir às crianças que guardassem o material e eu aproveitei para pedir a João Paulo seu desenho, que respondeu com um sorriso, afirmativamente. (*Diário de Campo*, 20/11/1987)

Se eu pude constatar, em momentos de relaxamento ou em tempos de fuga entre uma tarefa didática e outra, o esforço e a tentativa das crianças em brincar na escola, isto ocorreu pois meu olhar estava comprometido, como pesquisadora, com uma determinada concepção de criança interativa, imaginativa, ativa e brincalhona.

Para a professora, olhar e descobrir a interatividade imaginativa de seus alunos demanda um trabalho de formação profissional e de estudos que ela não teve oportunidades de vivenciar anteriormente.

Diante do meu relato, o olhar da mestra, ainda perplexo, sugeria um novo trabalho! Como explicar àquela pessoa, cujo próprio poder criativo estava embotado pelo seu modo de vida e pelas condições de trabalho que existem na escola?

Capítulo 6

Agora eu era o herói: é possível brincar?

Durante toda a pesquisa busquei olhar a instituição considerando que ela pudesse abrir seus muros para a vida, absorvendo-a, de forma que alunos e professores transformassem-na em um espaço de transmissão e construção de conhecimento, inserindo produtiva e criativamente seus integrantes na sociedade atual!

No entanto, esse desejo não passa de um vir-a-ser da escola, um desejo de encontrar o inverso da situação analisada por mim durante a investigação. Ainda que, durante o processo, eu tenha me preocupado em conseguir uma aproximação do cotidiano escolar, tentando apreender a forma como se constitui o espaço que garante a brincadeira das crianças, ao final, constatei a distância da instituição e do ensino em relação à dinâmica sociocultural.

Inicialmente, a ideia de que a inserção e localização da escola pudessem abrir espaços para a brincadeira das crianças, tendo em vista sua proximidade com o centro metropolitano, não se confirmou durante a investigação. O que se pôde constatar é que, apesar de todos os estímulos colocados pelos serviços que cercam a escola, estes não marcam, de maneira nenhuma, o cotidiano da instituição. Na realidade, o fato de a escola pesquisada estar próxima a um museu, parques, estações de metrô, de trem etc. não a diferenciou em nada das outras escolas da rede. Algumas crianças, apesar disso, durante uma conversa comigo, demonstraram algum conhecimento sobre esses locais. Algumas delas haviam feito maternal na EMEI (Escola Municipal de Educação Infantil) que se localiza no interior do parque, interessando-se em visitá-lo conjuntamente. No entanto, essa realidade é desconhecida e mesmo desconsiderada pela escola. Ao planejar um passeio, por exemplo, a professora pensou no Playcenter e no Zoológico, não imaginando que a região próxima à escola pudesse ser enriquecedora para seus alunos.

A singularidade da história das crianças, sua forma de estar e pensar o mundo, passa despercebida pela escola que as priva de qualquer possibilidade de integrar essa vivência no espaço do brincar.

Considerando a maneira como essa instituição se constitui no cotidiano e a representação que tem da infância e conhecimento, conforme pudemos observar no decorrer da pesquisa, a existência do brincar como *praxis* social infantil é absolutamente contraditória com a função que a escola estabelece para si.

Seus objetivos com relação à preparação da criança para o 1º grau, por meio da repetição de exercícios de pron-

BRINCAR NA EDUCAÇÃO INFANTIL

tidão, utilizando-se da brincadeira ora como recurso didático, ora como instrumento de sedução, não se coadunam com a aleatoriedade e indeterminação da atividade lúdica infantil.

A ideia de brincadeira à qual me referi no início deste trabalho e aquela que pude observar, germinalmente, em algumas tentativas tímidas das crianças, traz no seu bojo características de aleatoriedade e indeterminação com as quais a instituição não sabe trabalhar. Esse caráter de indeterminação põe em risco o papel do professor, que controla os passos e as respostas das crianças diante das tarefas propostas. Brougère tem razão ao afirmar que se a liberdade produz o valor das aprendizagens efetuadas na brincadeira, ela produz também uma incerteza quanto aos seus resultados; daí resulta a impossibilidade de assentar de maneira precisa as aprendizagens na brincadeira (1989a, p. 36).

Reiterando o papel que tem desempenhado em nossa sociedade, a instituição comportou-se, através das ações da docente, como cerceadora da busca infantil em compreender o mundo em que vive, curiosidade demonstrada pelas crianças por intermédio de suas brincadeiras.

O ritmo impingido para a execução das tarefas, por sua vez, aparece também como fator impeditivo para o desenrolar da brincadeira. A criação de enredos, a comunicação entre os pares, o desenvolvimento da imaginação demandam um tempo específico, sem limites, que não encontra lugar na pré-escola observada. Esse fato pôde ser constatado nas diversas vezes em que as crianças, usando de artifícios e de códigos próprios, tentaram romper essa estrutura, mas foram bloqueadas pelo controle do tempo pela mestra.

Com relação ao espaço, é preciso ressaltar que, apesar de amplo e repleto de estímulos, pelo menos no que se refere ao pátio, seu uso restrito também se configurou como impedimento para o desenvolvimento de jogos. O mesmo ocorreu com o espaço da sala que, aparentemente, poderia sugerir interação, mas cujo uso restrito através das atividades gráficas não possibilitou nenhuma ação lúdica.

Quando fui à escola tinha, inicialmente, muita expectativa com relação às brincadeiras infantis que lá iria encontrar. No entanto, durante o processo de investigação, pude avaliar que minha busca estava repleta de idealizações. Apesar do diagnóstico realizado sobre a pré-escola brasileira, imaginei que as crianças poderiam estar brincando e construindo conhecimentos de forma interativa e imaginativa.

Confrontando minhas expectativas com a realidade encontrada, pude reiterar as hipóteses teóricas de que a brincadeira não é espontânea nem natural na infância, mas é resultado de aprendizagem, dependendo de uma ação educacional voltada para o sujeito social criança.

Na escola investigada as crianças tentaram mostrar à professora e aos seus coetâneos que estão sentindo e pensando sobre o mundo em que vivem, buscando, através de alguns artifícios, romper com o didatismo cotidiano, contidos nas suas brincadeiras. No entanto, as carências da escola e as limitações da professora em compartilhar com seus alunos sua curiosidade e desejos transformaram a didática e as propostas pedagógicas em elementos de restrição e bloqueio para o desenvolvimento infantil.

Se a escola não atua positivamente, garantindo possibilidades para o desenvolvimento da brincadeira, ela, ao contrário, age negativamente, impedindo que esta aconteça. Diante desta realidade, faz-se necessário apontar para o papel do professor na garantia e enriquecimento da brincadeira como atividade social da infância.

Considerando que a brincadeira deva ocupar um espaço central na educação infantil, entendo que o professor é figura fundamental para que isso aconteça, criando os espaços, oferecendo-lhes material e partilhando das brincadeiras das crianças. Agindo desta maneira, ele estará possibilitando às mesmas uma forma de aceder às culturas e modos de vida adultos, de forma criativa, social e partilhada. Estará, ainda, transmitindo valores e uma imagem da cultura como produção e não apenas consumo.

Entretanto, minha aproximação com a realidade pré--escolar levou-me a perceber a inexistência desse espaço de desenvolvimento cultural dos alunos. Esse resultado, apesar de apontar na direção das ações da professora, não deve atribuir-lhe culpabilidade. Ao contrário, trata-se de evidenciar o tipo de formação profissional do professor pré-escolar, que não contempla informações nem vivências a respeito da brincadeira e do desenvolvimento infantil em uma perspectiva social, afetiva, cultural, histórica e criativa, para citarmos apenas uma das inúmeras carências no conteúdo curricular dos cursos de Magistério e de Pedagogia. Faz-nos repensar o quanto o tecnicismo educacional, marca da formação dessa(e)s profissionais, tem dificultado a melhoria da qualidade desse grau de ensino.

Há que se ressalvar, no entanto, que as atitudes da professora, ainda que explícitas, são também involuntárias. O fato de sentir-se solitária ante as colegas, a direção e as diretrizes políticas da rede estadual fez com que se apoiasse no material a que tem acesso, qual seja, o da rede municipal na qual trabalhava em outro período. Quando, ao dirigir-se a mim, afirmou que "tem horas que compensa nosso trabalho, né! Mexe com a gente!", demonstrava uma necessidade, ainda que oculta, de compartilhar sua prática pedagógica, avaliando-a. Da mesma forma, em outra ocasião, enquanto os alunos se organizavam para o lanche, a docente aproximou-se e, em tom confidencial, disse: "Interessante! não sei se é o fato de você estar aqui presente... cada ação minha... estou refletindo; no dia a dia a gente não para para pensar! Acho que porque você está aqui eu comecei a prestar mais atenção nas coisas que eu faço... nos valores... será que é certo? Será que não é?"

Apesar de essa questão não ter sido central para a elaboração deste livro, é importante registrar a possibilidade de mudança e de reflexão sobre a prática pedagógica que existia em potencial na professora. Na medida em que outra profissional, no caso eu, teve a possibilidade de interagir com a docente durante o cotidiano escolar, trazendo-lhe novas possibilidades de observação das atividades e das crianças, ela explicitou sua solidão profissional, ao mesmo tempo em que demonstrou uma disponibilidade em rever-se e atualizar-se, buscando no outro a legitimidade de suas dúvidas. O registro dessas questões é, de um lado, enrique-cedor para o entendimento do cotidiano pré-escolar com o qual me preocupei durante a investigação que resultou neste livro; e, de outro, abre caminhos para novos estudos sobre a formação e reciclagem destas profissionais, inclusi-ve no que se refere aos conhecimentos que possuem sobre o tema da brincadeira infantil.

No caso estudado, encontram-se todos, professora e crianças, emaranhados na teia didática construída. Ela, vítima das circunstâncias, sinalizando socorro para sair da solidão; os alunos resistindo como podem às estruturas cotidianas.

Pudesse a escola ser diferente!

Bibliografia

ARIÈS, Philippe. *História social da criança e da família*. 2. ed. Rio de Janeiro: Zahar, 1981.

BELOTTI, Elena Gianini. *Educar para a submissão*: o descondicionamento da mulher. 6. ed. Trad. de Ephraim Ferreira Alves Petrópolis: Vozes, 1987.

BERGER, Peter I.; LUCKMAN, Thomas. *A construção social da realidade*: tratado de sociologia do conhecimento. Trad. de Floriano Souza Fernandes. Petrópolis: Vozes, 1985.

BORONAT, Esteva Mercedes. *Organización de la actividad ludica de niños de 4 a 6 años y metodología para la realización de las actividades de juego demonstrativo.* Dissertação (Mestrado). Havana, 1985. (Mimeo.)

BRASIL. Ministério da Educação e Cultura. Coordenadoria de Educação Pré-Escolar. Atendimento ao pré-escolar: higiene, saúde, nutrição. *Revista Brasília*, 4. ed., v. 1, 1982.

BROUGÈRE, Gilles. Du jeu au jouet dans l'éducation prescolaire. Texto apresentado para o 2º Congresso Brasileiro do Brinquedo na Educação de Crianças de 0 a 6 Anos. São Paulo, 9 a 12 de julho de 1990. (Mimeo.)

_____. *La représentation de l'habitat dans le jouet.* Paris: Codej, 1989a.

BROUGÈRE, Gilles. Que peut le jeu? In: *Études et Documenta*, Paris, Université Paris XIII, n. 2, p. 29-38, 1989b.

CAMPOS, Maria Malta. Assistência ao pré-escolar: uma abordagem crítica. In: *Cadernos de Pesquisa*, São Paulo, Fundação Carlos Chagas, n. 28, 1979.

_____. *Diagnóstico da situação da educação pré-escolar na região metropolitana de São Paulo*. São Paulo: Fundação Carlos Chagas, Departamento de Pesquisas Educacionais, jul. 1988.

_____. Pesquisa participante: possibilidades para o estudo da escola. In: *Cadernos de Pesquisa*, São Paulo, Fundação Carlos Chagas, n. 49, 1984.

_____. Pré-escola: entre a educação e o assistencialismo. In: *Cadernos de Pesquisa*, São Paulo, Fundação Carlos Chagas, n. 53, 1985.

_____ et al. *Aspectos socioeducativos e sugestões para uma política nacional de educação de crianças de 0 a 6 anos no Brasil*. São Paulo: Fundação Carlos Chagas, Departamento de Pesquisas Educacionais, 1989.

CHAMBOREDON, Jean-Claude; PRÉVOT, Jean. O ofício de criança: definição social da primeira infância e funções diferenciadas da escola maternal. In: *Cadernos de Pesquisa*, São Paulo, Fundação Carlos Chagas, n. 59, 1986.

DECROLY, O.; MONCHAMP, E. *El juego educativo*: iniciación a la actividad intelectual y motriz. 2. ed. Madrid: Morata, 1986.

ELKONIN, D. B. *Psicología del juego*. 2. ed. Madrid: Aprendizaje Visor, 1980.

ESCOLA MUNICIPAL. Revista da Secretaria Municipal de Educação. São Paulo, ano 18, n. 13, 1985.

ÉTUDES ET DOCUMENTS. Paris, Université Paris XIII, n. 2, 1989.

EZPELETA, Justa. La escuela y los maestros: entre el supuesto y la deducción. In: *Cuadernos de Investigación*, México, n. 20, 1986a.

_____ et al. La escuela: relato de un proceso de construcción inconcluso. In: MADEIRA, Felicia Reicher; MELLO, Guiomar Namo de (Orgs.). *Educação na América Latina*: os modelos teóricos e a realidade social. São Paulo: Cortez, 1985. (Col. Educação Contemporânea.)

_____; ROCKEWELL, Elsie. *Pesquisa participante.* São Paulo: Cortez/Autores Associados, 1986.

FERNANDES, Florestan. *Folclore e mudança social na cidade de São Paulo.* 2. ed. Petrópolis: Vozes, 1979.

FRANÇA, Gisela Wajskop. O papel da brincadeira na educação das crianças. In: *Ideias*, São Paulo: FDE, n. 7, 1990.

_____. Um desabafo... e o começo de uma mudança. In: _____. *O papel do professor na pré-escola.* São Paulo: FDE, 1988. (Mimeo.)

HELLER, Agnes. *O cotidiano e a história.* 2. ed. São Paulo: Paz e Terra, 1985.

HENRIOT, Jacques. *Le jeu.* Paris: Synonyme — SOR, 1983.

HUIZINGA, Johan. *Homo ludens*: a brincadeira como elemento da cultura. 2. ed. Trad. de João Paulo Monteiro. São Paulo: Perspectiva, 1980.

JAULIN, Robert. *Jeux et jouets*: essai d'ethnotechnologie — textes réunis. Paris: Aubier, 1979.

KAMII, Constance. *A criança e o número*: implicações educacionais para a atuação junto a escolares de 4 a 6 anos. Trad. de Regina de Assis. Campinas: Papirus, 1984.

KISHIMOTO, Tizuko M. *A pré-escola em São Paulo (das origens a 1940).* Tese (Doutorado) — Faculdade de Educação da Universidade de São Paulo, São Paulo, 1986.

KISHIMOTO, Tizuko M. Pré-escola e democratização de ensino. In: *Ideias*. São Paulo: FDE, n. 2, 1988a.

_____. Propostas técnicas que incluem brinquedos e brincadeiras na pré-escola. In: _____. *Encontros de educação infantil.* São Paulo: Fundação Padre Anchieta, 1988b. p. 9-18.

KOCH, Dorvalino. *Desafios da educação infantil.* São Paulo: Loyola, 1985.

KOWARICK, Lucio; ANT, Clara. O cortiço; cem anos de promiscuidade. In: *Novos Estudos*, Cebrap, v. 1, n. 2, abr. 1982.

KRAMER, Sonia. *A política do pré-escolar no Brasil*: a arte do disfarce. 3. ed. Rio de Janeiro: Dois Pontos, 1987.

LEONTIEV, Alexis N. *O desenvolvimento do psiquismo.* Lisboa: Horizonte Universitário, 1978.

_____. Os princípios psicológicos da brincadeira pré-escolar. In: VIGOTSKY, L. S. et al. *Linguagem, desenvolvimento e linguagem.* São Paulo: Ícone/Edusp, 1988. p. 119-142.

LOBATO, Monteiro. *História das invenções*. 8. ed. São Paulo: Brasiliense, 1985.

LURÇAT, Liliane. *Uma escola pré-primária.* Lisboa: Livros Horizonte, 1982.

MICHELET, André. *Los utiles de la infancia.* Versão castelhana de Maria Colon de Llopis, *Les outils de l'enfance.* Barcelona: Editorial Herder S/A.

MONTESSORI, Maria. *A criança.* Rio de Janeiro: Editorial Nórdica, 1983.

POPPOVIC, Ana Maria. Alfabetização: um problema interdisciplinar. In: *Cadernos de Pesquisa*, São Paulo: Fundação Carlos Chagas, n. 2, 1971.

POPPOVIC, Ana Maria. Estudo da evolução de alguns conceitos especiais em pré-escolares. In: *Cadernos de Pesquisa*, São Paulo, Fundação Carlos Chagas, n. 10, 1974.

_____ et al. Marginalização cultural: subsídios para um currículo pré-escolar. In: *Cadernos de Pesquisa*, São Paulo, Fundação Carlos Chagas, n. 14, 1975.

RISOPATRON, Veronica Edwards. Los sujetos y la construcción social del conocimiento escolar en primaria: un estudio etnográfico. *Cuadernos de Investigación Educativa*, México, DIE/Cinvestau/IPN, n. 2, 1985.

RIVIERE, Angel. *La psicología de Vygotski*. 2. ed. Madrid: Aprendizaje/Visor, 1985.

ROCKWELL, Elsie. De huellas, bardas y veredas: una historia cotidiano en la escuela. In: _____. *La escuela, lugar del trabajo docente descripciones y debates.* México: DIE/Cinvestau/IPN, 1986.

ROSEMBERG, Fulvia et al. *Creches e pré-escolas*. São Paulo: Nobel/ Conselho Estadual da Condição Feminina, 1985.

SÃO PAULO. Secretaria de Educação do Estado de São Paulo. *Situação do atendimento pré-escolar na grande São Paulo*. São Paulo, s/d. (Mimeo.)

_____. *Modelo pedagógico para educação pré-escolar*. São Paulo, SE/Cenp/FLE, 1979.

_____. Secretaria de Educação do Estado de São Paulo. Coordenadoria de Estudos e Normas Pedagógicas. In: SILVA ROMA, Leslie Maria José da; SANTOS, José Alvaro dos (Orgs.). *Educação pré-escolar e antecipação da escolaridade*: legislação básica federal e estadual. São Paulo: SE/Cenp, 1982. v. 1.

SMOLKA, Ana Luiza Bustamante. *A criança na fase inicial da escrita*: a alfabetização. 5. ed. São Paulo: Global, 1983. [São Paulo/ Campinas? Cortez/Ed. da Unicamp. 1993.]

SNYDERS, Georges. *Não é fácil amar nossos filhos.* Lisboa: Publicações Dom Quixote, 1984.

USOVA, A. P. *El papel del juego en la educación de los niños.* Trad. da edição em russo. Moscou: Editorial Prosveschenie, 1976. Havana: Editorial Pueblo y Educación, 1979.

_____. *La enseñanza en el círculo infantil.* Trad. da edição em russo. Moscou: Editorial Prosveschenie, 1970. Havana: Editorial Pueblo y Educación, 1976.

VIAL, Jean. *Jeu et éducation*: les ludothèques. Paris: Presses Universitaires de France, 1981.

VIGOTSKY, L. S. *A formação social da mente.* 1. ed. São Paulo: Martins Fontes, 1984.

_____. *La imaginación y el arte en la infancia.* Madrid: Akal, 1982.

_____. *História del desarrollo de las funciones psíquicas superiores.* Havana: Ed. Científico-Técnica, 1987.

_____ et al. *Linguagem, desenvolvimento e aprendizagem.* Trad. de Maria da Penha Villalobos. São Paulo: Ícone/Edusp, 1988.